立ち上がれ！ 神の恵みに生きるために

吉岡恵生 Yoshioka Yasutaka

キリスト新聞社

目次

祈りの連鎖

使徒言行録六章一―七節

旧約聖書、とりわけ創世記の中に登場するノアの物語、アブラハムの物語、また、出エジプト記以降に登場するモーセの物語には、人が神を礼拝する、その原型が記されています。彼らに共通していることは、旅の中で神を礼拝するために、そのつど祭壇を築き、神との出会いの場、礼拝の場を自ら作ったということでありました。後の時代には神殿が造られ、特定の建物において礼拝が行われるようになりますが、本来神を礼拝するということは、その建物が重要なのではなく、どこであっても、そのつど必要なときに祭壇を築くことによって、そこを神との出会いの場とするということであったのです。

私たちの同志社教会は、この神礼拝の原型に非常に近いものがあると思います。毎週日曜日、同志社教会の朝はまず、礼拝の環境を作るところから、ある種祭壇を築くところから始まります。私たちは自前の礼拝堂を持っておりませんので、毎週、同志社内のあらゆる施設を拝借し、学園内を旅しながら、必要なところに礼拝する環境を作るのです。そして、そこで神と出会う。神礼拝の原型を、今の時代にあっても実践している貴重な教会、それが同志社教会であると思います。

しかし一方で、毎週日曜日の朝に礼拝の環境を作るということは、非常に大変なことでもあります。十字架、講壇、週報ボックス、説教題の書かれた看板、受付の机など、すべての準備をするということには、多くの労力を必要とします。にもかかわらず、私たちは長い歴史の中で、その労苦を一人ひとりの奉仕と祈りによって担い合い、今日まで絶えず礼拝を守ってきたのです。

「教会」と「奉仕」。このキーワードは決して切り離すことはできません。それは現代の教会だけでなく、初代教会の時代から絶えず受け継がれてきた永遠のテーマなのです。今日の聖書には、まさに初代教会に起こった奉仕に関する課題が登場します。使徒言行録の著者はこの出来事を、教会の歴史における重要な分岐点として記しています。この箇所を、教会が二つに割れた、教会分裂の出来事として解釈する方もいるようですが、分裂というよりかは、教会の拡大に伴いさまざまな役割を、より多くの信仰者たちの間で受け持つようになっていった歴史的瞬間がここにあるのだと理解すべきでしょう。

初代教会には、教会内における財産共有という習慣がありました。今、私たちもそれぞれの家庭から教会のために、宣教のためにと献金をささげています。しかし、当時は献金だけではなく、食料をはじめとするそれぞれが持っているもの、手に入れたものまで共有するという生活を送っていました。そして、祈り合って、信仰を深め合って、霊的にも物質的にもその財産を共有していたのです。しかし、教会の拡大に伴い、その財産共有は新たな問題を生み出すことへとつながってしまいます。それまで、教会内の奉仕活動は一二人の使徒たちがほとんど取り仕切っていました。御言葉を伝えること、お金や食料を教会内で分け合うこと、これらすべては、使徒たちが担っていたのです。しかし、その体制に問題が生じた。弟子たちが増えてきた今、使徒たちだけではそれらの役割を担えなくなってしまったというわけです。与えられるものを使徒たちから与えられてきた多くの弟子たちは、もはや集会のお客様ではいられなくなりました。

当時、教会にはギリシア語を話すヘレニストと呼ばれるユダヤ人と、ヘブライ語を話すヘブライストと呼ばれる二つの集団がいました。ヘブライ語を話すユダヤ人は、パレスチナや中部オリエントで生まれ育ったユダヤ人、ギリシア語を話すユダヤ人は、西方諸国で生まれ育ちエルサレムへと戻ってきたユダヤ人でありました。そのため、互いに同じユダヤ人でも、母語が異なっていました。これは、名前の特徴から分かることですけれども、使徒たちは全員ヘブライスト、教会の大多数もヘブライストでありました。そのような組織の中で、ヘレニストのやもめたちが日々の分配でないがしろにされているという問題が生じていたのです。

聖書には具体的に、「日々の分配のことで」問題が生じたと記されていますが、おそらくもっと広い意味で、言語的な違いなどから、数的少数者であったギリシア語を話すユダヤ人たちが、コミュニケーションという面で課題を抱えていたと思われます。つまり、ヘブライ語を話すユダヤ人が多数を占める集団の中で、ギリシア語を話すユダヤ人は数的にも言語的にも、苦しい立場に置かれていたということです。

しかし彼らは、その状況を放置しようとはしませんでした。そこに集うすべての人の賛成を得て、彼らは集団の中にある違いというものを乗り越えていくためにも、集団の中にいる数的少数者に配慮をするためにも、集会がより一つの主にある信仰共同体となっていくためにも改善策を編み出していったのです。

その改善策とは、霊と知恵に満ちた評判の良い人を七人選び、彼らに問題を改善するために必要な仕事を任せるというものでありました。こうして新たに選ばれた七人の世話役は皆、ギリシア語を話すユダヤ人であったということがその名前の特徴から分かります。一二人の使徒はヘブライ語を話すユダヤ人、教会の大多数もヘブライ語を話すユダヤ人、そして問題にあげられたやもめたちはギリシア語を話すユダヤ人でありましたから、この七名の選出は、「自分たちの問題は自分たちで解決しなさい」と言わんばかりの、冷たい選出方法であったようにも思います。この聖書箇所が教会の分裂を伝えているものと解釈されてしまう点は、ここにあるのかもしれません。

しかし、「霊」と「知恵」に満ちたこの七人は、実はギリシア語もヘブライ語も話すことができる人々であったと言われています。つまり彼らは、集会にある言語の溝を埋め、教会の課題を克服するためにふさわしい存在であったというわけです。使徒たちのような、ある特定の人々だけが教会を背負い、宣教の業を担うのではなく、教会に集うすべての人が、共に宣教を担い、共に教会の課題を克服するためにそれぞれの賜物を生かし合って奉仕するものとなっていく。今日の聖書は、その歴史的第一歩を私たちに伝えているのです。

ローマの信徒への手紙一二章において、パウロは次のように言っています。「わたしたちの一つの体は多くの部分から成り立っていても、すべての部分が同じ働きをしていないように、わたしたちも数は多いが、キリストに結ばれて一つの体を形づくっており、各自は互いに部分なのです。わたしたちは、与えられた恵みによって、それぞれ異なった賜物を持っていますから、預言の賜物を受けていれば、信仰に応じて預言し、奉仕の賜物を受けていれば、奉仕に専念しなさい。また、教える人は教えに、勧める人は勧めに精を出しなさい。施しをする人は惜しまず施し、指導する人は熱心に指導し、慈善を行う人は快く行いなさい」。

多くの弟子の中から、七人の奉仕者が選出されました。それは、彼らに与えられた、彼らにしかできないそれぞれの賜物が生かされるためでありました。使徒たちは、七人の奉仕者に手を置き祈ったと記されています。使徒たちは、彼らの働きに神の祝福があるようにと、そして、聖霊の助けがあるようにと、そこに集うすべての人を代表し、手を置いて祈ったのです。

現代の教会でも、ある人が牧師となるときに按手礼式というものが行われますが、その原点がここにあります。日本基督教団でも、教師が正教師となる際に按手礼式が行われますが、この按手礼式は、すでに正教師となっている者、いわゆる先輩牧師だけが手を置きます。私も何度かその光景を見たことがありまして、按手礼式とはこういうものなのだと思っていました。しかし、世界を広く見てみると、必ずしもその特権的にも見える、先輩牧師だけが手を置けるという按手礼式の形は、唯一無二の形ではないということに気づかされます。

二年前、私はアメリカの日系教会に夏期伝道に行く機会を与えられました。そのとき、たまたま通りかかった教会で、按手礼式が行われていました。私も興味津々で、まったく知らない一人の青年が、今まさに神に仕える者としての歩みを始めようとしているその瞬間に立ち会いました。それは、私がそれまで抱いていた按手礼式のイメージを覆すものでした。まず、牧師となる青年の家族が手を置きました。次に、按手礼式の司式者が手を置きます。すると、「どうぞ皆さんも」というかけ声とともに、そこに参列していたすべての人が手を置くその群れに加わるのです。たまたまそこを通りかかった私も一緒になって手を置きました。そして皆で「神に仕え、その働きをなしていく彼の上に、豊かな祝福と聖霊の助けがあるように」と祈りました。その日、その時、その場所にいたすべての人が思いを一つにして祈ったのです。神に仕える奉仕者が、勝手に一人でその道へ行くのではない。まさに教会の中から神によって召され、また人々から祈り支えられて、神の業を担う奉仕者としての歩みをなしていく。そのことを象徴する時が、そこにあったように思います。

初代教会において、教会での奉仕を人々が担い合っていくとき、彼らは手を置いて祈り合った。それは、アメリカで私が経験した按手礼式が象徴しているように、形の上では使徒たちという代表者たちによる按手であったとしても、本質的にはそこに集うすべての人の祈りであったのです。七節には、「こうして神の言葉はますます広がった」と記されています。この一節は私たちにとって大きな希望です。教会に集まる一人ひとりが、神の言葉、神の福音をより伝えていくために、また教会のあらゆる課題を克服するために、互いに必要な奉仕を担い合い、祈り合った。すると、神の言葉はますます広がったというのです。

私たちはそれぞれが与えられた賜物によって、教会で奉仕の業をなしていきます。教会にはメッセージを語る者もいれば、奏楽、司会、受付、献金、賛美、お花を生けてくださる方など、それぞれにさまざまな奉仕をされる方がいます。もちろんそれらを祈って見守ってくださる方もいます。すべてが必要な、尊い働きです。私たちはこの教会で信仰を深め、神を証しし、たくさんの恵みをいただいてまた日常へと戻っていきます。その恵みに感謝し応えるからこそ、私たちは自分に与えられた賜物を絶えず覚え、その賜物を生かして教会での奉仕をなしていくのです。そしてその働きが、教会に集うすべての人々によって覚えられ祈られていく。自分も他の人の働きのために祈っていく。なんと励まされることでしょうか。こうして、神に呼び集められた一人ひとりは、祈りを通して互いに支え合う関係になっていきます。この祈りがつながり、広がり、連なって、教会は祈りによって満たされていくのです。そして、群れは豊かに成長し、神の言葉はますます広がっていく。この祈り合う群れこそが、本当の意味での神の家族、キリストの体に生きる信仰の共同体であるのです。

（二〇〇九年一〇月二五日、同志社教会礼拝説教）

捨てる

ヨハネによる福音書一〇章七―一八節

霊南坂教会に赴任してから、今日で三度目の日曜日を迎えました。新しい生活も少しずつ落ち着いてきましたし、京都から持ってきた引っ越しの荷物もだいぶ片付いてきました。今回の引っ越しは私の人生で六度目になりますが、引っ越しというものを経験するたびに、私は決まってある不思議な感覚を覚えます。それは、「これはいらないだろう」と思える不必要なものが、気がつけばいつも新居に運び込まれているということです。

息子と妻と私、家族三人が京都で生活をした家は、五畳と八畳の二部屋しかない狭い家でしたが、今回の引っ越しでも、よくあの狭い部屋にこれだけの荷物が入っていたなと思うほど、家にはたくさんのものが詰め込まれていました。引っ越しをよい機会にして、きれいさっぱり荷物を減らそうとたくさんのものを捨てました。あるいは大学の後輩たちからも、「いらないものがあったら譲ってください」と言われていましたので、譲れるものは譲ってきました。しかし、いざ霊南坂教会の牧師館に荷物を搬入してみると、やっぱり「これはいらないだろう」と思える不必要なものまで持ち込んでいたのです。

自分自身が持っているものを捨てること、あるいは他人に譲るということ、それは、たとえ不必要なものであったとしても、簡単なようでとても難しいことだと思います。欲張りな私たちは無意識のうちに、一度手に入れたものを保持し続けてしまうからです。不必要なものでさえも手放すことが困難であるならば、自分の大切なものを手放すことはより一層難しいことであるといえるでしょう。ものには思い出が詰まっていたりもします。思い出といえばなんだか美しく聞こえますが、言い換えればそれは、個々人の感情や思いです。人は自分の思いを手放すことがなかなかできないのです。

今日の聖書において最もインパクトのある言葉は、イエス・キリストが力強く語られた「捨てる」という言葉です。七節から一八節という、たった一二節の中に、この「捨てる」という言葉が五回も語られています。明らかに、この言葉はイエスにとって重要な意味を持っているのです。

七節において、イエスはこう口火を切りました。「はっきり言っておく」。まさに力強く、固く閉ざした私たちの心を開くかのごとく、凝り固まった私たちの思いを砕くかのごとく発せられた言葉です。イエスがこんなにも力強く「はっきり言っておく」と語り始められたことには当然わけがあります。イエスはこの直前に、一つの奇跡行為をめぐってファリサイ派の人々から因縁をつけられていたのです。そして、その厳しい目に真っ向から向き合うかのごとく、イエスはここでファリサイ派の人々に対してこのたとえを語ったのです。

思い浮かべてください。イエスという方は、宮清めと呼ばれる出来事において、神殿で商売をしていた人々を激しく叱り、鞭を振り回し、大暴れをして商人を神殿から追い出した経験の持ち主です。ときに暴れん坊将軍となるほど感情の豊かな方であったと思います。ですから、ファリサイ派の人々に因縁をつけられたとき、イエスの心はきっと熱く燃え上がっていたのです。敵対し、自分に対して牙をむくような人たちに対しても、イエスは本気で向き合うのです。

「はっきり言っておく。わたしは羊の門である」。イエスはこのたとえ話の中で、一人二役を担います。一つは「羊の門」でありました。「わたしは羊が通るべき門なのだ」。イエスはそう言われたのです。そして、その門を通る者は救われ、門を通った羊たちだけが、生きるために必要な牧草を見つけることができると言われました。当然、これはたとえ話ですから、イエスが言う羊というのはたとえです。イエスが生きた時代、イエスが生きた場所、そこでは遊牧生活を送る羊飼いが非常に身近な存在であり、日常的に馴染みのある存在として生活をしていました。ですから、人々がより理解を深められるようにと、民衆に身近であった羊、羊飼いを用いて、イエスはたとえ話を語られたのです。言うまでもありません、イエスが羊にたとえた存在、それは私たち一人ひとりです。

今日の聖書の少し後、一四章六節には「わたしは道であり、真理であり、命である。わたしを通らなければ、だれも父のもとに行くことができない」というイエスの言葉が記されていますが、その言葉が示すように、私たちはイエス・キリストの門をくぐり、その道を歩んでこそ、豊かな牧草と出合い、命を得ることができるのです。しかし、私たちはそう簡単に真理の門を見つけることができません。たとえ見つけたとしても、この世のさまざまな誘惑に惑わされ見失ってしまうかもしれません。そこで、イエスはさらに一人二役の二役目を明らかにするのです。一一節で す。「わたしは良い羊飼いである」。イエスは、私たちが通るべき門として私たちの出入りを見守ってくださるだけでなく、羊飼いとなって、導き手となって、私たちが通るべき道を示してくださるのです。しかもただの羊飼いではありません。「良い羊飼い」だと言っているのです。そして「良い羊飼いは羊のために命を捨てるんだ」ということを強調しつつ、ここで、自分の羊を知っている良い羊飼いと、自分の羊を持たない雇い人とを対比します。

良い羊飼いは、愛してやまない大切な羊を救うために、自分自身の命を捨ててでもそれを守る。しかし雇い人は、自分自身に危険が迫ると羊を置き去りにして真っ先に逃げてしまうというのです。さあ、ついに「捨てる」という言葉が出てきました。辞書で「捨てる」と引きますと、三つの意味が出てきます。第一に不要なもの、価値のないものとして放り出すこと、第二に見放す、諦めること。第三にその状態のままで放置する、かまわないでおくこと。この三つです。一方で、新約聖書の原典であるギリシア語を辿ると、その意味はさらに広がりと深みをもってきます。「捨てる」と訳されたこの言葉はギリシア語ではティゼーミと言いますけれども、このティゼーミは「捨てる」という意味のほかに、「納める」「預ける」「委ねる」「ささげる」という意味も持ち合わせています。

良い羊飼いであるイエス・キリストは、罪多き私たちが豊かに命を受けるために、自らの命を捨てると言われました。これは紛れもなくあの十字架の死、私たちの罪を贖うため、私たちを救うためにイエス・キリストが死んでくださった十字架の出来事を意味しています。イエスが自らの命を「捨てる」と言われたとき、それは日本語の意味するところの、不要なもの、価値のないものを捨てることや、神がイエスの命を見放すこと、イエスが自らの命を諦めたことを意味するのではありません。ティゼーミが示すように、尊い神の独り子の命、それを私たちのためにイエス自らが神に委ね、ささげてくださるということ、それこそがイエスが「命を捨てる」と言ったところの真理なのです。

一七節には更に、イエスが命を神に委ねるもう一つの目的が示されます。「わたしは命を、再び受けるために、捨てる」。私たちは今、二週間前に迎えたイースター、イエス・キリストが十字架の死から復活されたその喜びを味わいながら復活節の時を歩んでいますが、イエスが復活したという出来事は、弟子たちにとってみたら大きなサプライズであったと思います。しかし、イエスご自身にとってみれば、それはすでに知り得た神の計画であったのです。「命を、再び受けるために、捨てる」と言っておられます。イエスは私たちのために十字架にかかり死んでくださいましたが、それは復活して永遠の命を得るために、今も私たちと共に生き、この瞬間も、良い羊飼いとして私たちを豊かな命へと招き、導くためであったのです。イエスはどこまでも、どこまでも、迷い出た羊を探します。イエスの招きの声を私たちが聞くことができないときにも、自らの命をささげてまで、私たちを救いの道へと連れ戻してくださるのです。

　神の深い愛と計画を知らされた私たちは今、その招きにどう応えることができるのでしょうか。マタイによる福音書七章一三節にはこう記されています。「狭い門から入りなさい。滅びに通じる門は広く、その道も広々として、そこから入る者が多い。しかし、命に通じる門はなんと狭く、その道も細いことか。それを見いだす者は少ない」。この言葉を手がかりにするならば、イエス・キリストが招く真理と命に通じるその門は狭く、その道は細いようです。つまり、その道を通るために、私たちもそれぞれが抱えたさまざまな荷物を捨て、ささげ、澄んだ心を持ってスリムになる必要があるということです。日常生活の中で、本当に大切なものは何であるのか、私たちはときにそのことを見失ってしまいます。そうして自らの欲望のままに、多くのものを抱え込んでしまいます。しかし、多くのものを抱え込んでいてはサイズオーバーです。狭い門、狭い道を通ることはできません。この世の価値観に囚われ惑わされて、あれも欲しい、これも欲しいと欲張ってはならないのです。パウロによれば、私たちが持つべきものは、神と隣人とに対する信仰、希望、愛のみです。

ある百貨店で、「子ども靴五〇〇円下取りキャンペーン」というものをやっていました。この企画は、サイズが小さくなるなどして家にあふれた子ども靴を百貨店が買い取り、それを、靴を持たず裸足で生活をするアフリカの子どもたちに無償でプレゼントをするというものでした。アフリカでは裸足で生活をする子どもたちが足にけがをし、そこから寄生虫が入り込むことで、たくさんの命が失われるという課題を抱えていました。そのような課題に対して百貨店が立ち上がり、慈善事業を行ったわけです。最近では環境のためにということもあって、なんでも「リサイクル」の時代となっていますが、物質的にも霊的にも、私たちが持っているもの、抱えているものを捨てる、ささげることによって、それが他者への、隣人への愛となることを、百貨店の取り組みから気づかされました。

聖書が伝える「捨てる」ということ、それは他を生かすということです。私たちが直感的に思う、不要なもの、ゴミを捨てるのとは違います。イエスが自らの命をささげ、私たちを新しく生かしてくださるように、私たちも自ら抱え込んでいるさまざまな欲望を捨て、神の前にそれをさらけ出し、差し出し、ささげていくのです。その悔い改めの姿勢こそが、隣人を生かすことへの第一歩につながります。

悔い改めるという言葉のギリシア語はメタノイアと言いますけれども、この言葉は視点を変えるという意味を持っています。では、このメタノイアを、視点を変えて読んでみましょう。逆から読むのです。「アイノタメ」です。自らの生き方を悔い改めていく。欲望を捨て、神と隣人への愛のために生きていく。そのような生き方の先にこそ、イエスが待つ命の門があるのです。その道へと導くために、今日も良き羊飼いなるイエスは、私たちに語りかけ、呼びかけてくださっている。私たちはこの声をしっかりと聞き分けて、イエスの招きに応える歩みをなしていきたいと思います。

（二〇一〇年四月一八日、霊南坂教会夕礼拝説教）

イエスがあなたを呼んでいる

マルコによる福音書一〇章四六―五二節
エレミヤ書二九章八―一四節

あるテレビ番組で、面白い実験をしていました。それは、「スキップをするとだれでも笑顔になる」ということを実証しようとするものでありました。実験の方法はいたって簡単。街行く人に唐突に声をかけて、「スキップをしてください」と依頼するのです。結果は、スキップを始めると全員が笑顔になりました。

体の動きと感情の動きというものは、分かち難く結ばれています。有名な「幸せなら手をたたこう」という歌がありますが、その中にも、「幸せなら態度で示そうよ、ほら皆で手をたたこう」という詩が出てきます。この詩が伝えているように、私たち人間は、喜びや幸せという目に見えない感情を、手を打ち鳴らし、スキップをし、躍り上がるような態度で、目に見える全身の躍動をもって表現することができるのです。人は心から湧き出る喜びの表現として踊ります。そして躍るから、人は幸せに、笑顔になるのです。

聖書には、イエス・キリストとの出会いを経験し、その喜びのあまり躍り上がり、全身でその喜びを表現した人の姿が描かれています。その名はバルティマイ。目が見えず、エリコの町で物乞いをして生活をしていた人でした。

イエスの一行はエルサレムを目指していましたが、その途上、バルティマイの住む町エリコを通りました。そのときバルティマイは、いつものように地べたに座り、物乞いをしていました。いったいこの群衆は何だろうか。目が見えないバルティマイは、じっと耳を澄ませて情報を得ようとしたことでしょう。そんな彼の耳に、衝撃の事実が舞い込んできました。「あの、ナザレのイエスがやって来た」。彼は、いても立ってもいられなくなりました。自分には見えないけれども、どうやらあのイエスが目の前にいるらしい。思わず彼は叫びました。「ダビデの子イエスよ、わたしを憐れんでください」。

ところで、バルティマイは「ナザレのイエスが来た」と情報を得たにもかかわらず、「ナザレのイエスよ」と叫ぶのではなく、「ダビデの子イエスよ」と叫んでいます。なぜでしょうか。実は、イエスに「ダビデの子」という称号をつけることは、一つの信仰告白なのです。旧約聖書では、ダビデの子孫より救い主が与えられると預言されていました。ですから、イエスを「ダビデの子」と呼ぶことは、イエスがあの預言された救い主、キリストであると告白しているということなのです。

イエスと一緒にいた多くの群衆たちは、ただの「ナザレ町出身のイエス」としか思っていなかった。何か不思議な力がある人物としか思っていなかったのかもしれません。しかし、バルティマイは、それが救い主イエスであることを知っていたのです。ここに皮肉とも言えるような対照が描かれています。五体満足、目の見える群衆には、イエスの本当の姿が見えていない。彼らは神の御心に気づいていない。しかし、目の見えないバルティマイにはイエスの本当の姿が見えているのです。「ナザレのイエス」と「ダビデの子イエス」。イエスを呼ぶこの二つの呼び名は、その名を呼ぶ者がいったいイエスを何者だと思っているのかということを象徴的に伝えているのです。

今日は八月一五日、日本にとっても世界にとっても、戦争の醜さを覚え、平和の実現を願う特別な日です。しかし、今や平和を願い求めるキリスト教会も、かつてはこの国のために、勝利のためにと戦争に協力をしてしまった時代がありました。日本基督教団は、こうした過去を振り返り、一九六七年に「第二次世界大戦下における日本基督教団の責任についての告白」と題する文を公にし、その罪を告白しています。そこにはこうあります。「『世の光』『地の塩』である教会は、あの戦争に同調すべきではありませんでした。まさに国を愛する故にこそ、キリスト者の良心的判断によって、祖国の歩みに対し正しい判断をなすべきでありました。しかるにわたくしどもは、教団の名において、あの戦争を是認し、支持し、その勝利のために祈り努めることを、内外にむかって声明いたしました。

まことにわたくしどもの祖国が罪を犯したとき、わたくしどもの教会もまたその罪におちいりました。わたくしどもは『見張り』の使命をないがしろにいたしました。心の深い痛みをもって、この罪を懺悔し、主にゆるしを願うとともに、世界の、ことにアジアの諸国、そこにある教会と兄弟姉妹、またわが国の同胞にこころからのゆるしを請う次第であります」。

人間は過ちを犯してしまうのです。かつては正しいと思っていたその信仰が、神の御心ではなかった。そのような時が多くあります。今私たちが見ているものが、すべて正しいとは限らないのです。ですから、私たちは、自らを正しいものとするのではなく、日々信仰を問い続け、日々悔い改め、神にその導きを請い願おうと叫び続けなければならないのです。

バルティマイは叫ぶ、イエスに向かって大声で叫ぶ、「わたしを憐れんでください」と。彼は叫び続けたのです。幾度もその声は封じ込められてしまいます。けれども、彼は恐れることなく、怯むことなく叫び続けたのです。大胆に、神に祈り願い求め続けたのです。すると、遂にその叫びがイエスの心へ届きます。イエスは振り向き、こう言うのです。「あの男を呼んで来なさい」。

イエスはこのとき、自らバルティマイのもとに歩み寄り、手を取って癒すのではなく、あえて「あの男を呼んで来なさい」と、バルティマイが自ら立ち上がることを求められました。イエスは、ご自分の名を一所懸命に求めるバルティマイを自分の力で立たせたかったのです。熱心に求め、自らの足で自分のもとへと来させたかった、エレミヤ書の言葉の通り、熱心に求めるならば、「わたしに出会う」という体験を彼に求めたのです。イエスの取り巻きは、彼を呼びます。「安心しなさい。立ちなさい。お呼びだ」。目の見えないバルティマイは、毎日道端に座って物乞いをしていましたから、突然「立ちなさい」と声をかけられたとき、きっと不安があったことでしょう。

また、「お呼びだ」と言われても、いろいろな呼ばれ方があります。「おい、吉岡ちょっと来い」と学校の先生に呼び出される、あるいは学校の先輩に呼び出される。私にもそのような経験が幾度かありましたが、それはそれは不安でした。何か怒られるのではないか、そのように想像するからです。しかし、「安心しなさい。悪いことではない。君に伝えたいことがあるからちょっと来なさい」と言われれば、その不安は取り去られます。バルティマイも、直前まで群衆に叱りつけられ黙れと怒られていた中で、イエスがお呼びだと言われたのですから、そこに不安な気持ちがあったかもしれません。しかし、この「安心しなさい」という言葉によって、彼の不安はすべて解き放たれるのです。バルティマイの側に安心する根拠があるのではない。イエスの側に、安心できる根拠が備えられているのです。

彼はイエスにリードされ、上着を脱ぎ捨て、躍り上がってイエスのところに向かいました。この「上着」と訳されているのは、私たちがイメージするぴっちりとしたジャケットのようなものではありません。英語では「マント」と訳されていますけれども、おそらく、この上着というのは、彼の全身を覆っていたものだと思われます。さらに想像力を膨らませるならば、長いその上着の先端は、道端に伸ばされ、そこにお金や食べ物を置けるように、物乞いをする道具として用いられていたものであるとも考えられます。いずれにしても、この上着を脱ぎ捨てたという彼の行動は、それまで彼の生活を支えた商売道具、また、彼の身を守っていたものを投げ捨て、すべてをイエスに委ねたことを象徴するものなのです。そして彼は躍り上がる。心からその喜びを態度で示したのです。

実はこのとき、バルティマイはまだ癒されていません。この後イエスに「何をしてほしいのか」と問われ、そこで初めて「目が見えるようになりたい」と願う。そして、癒されるわけでありますが、不思議なことに、バルティマイはまだ癒されていないときに、躍り上がるほど、喜びにあふれたのです。いったいなぜか。それは、彼の信仰のあり方を表しています。彼は癒されるから喜ぶのではない。癒されるから信じるのではない。何よりも、イエスをキリストと告白し、その叫びを聞いたイエスが自らを呼び返してくださった。その招きにすべての喜びが集中しているのです。ここが、本日私たちが最も注目すべきところでしょう。ヨハネによる福音書二〇章において、イエスは疑い者のトマスにこう語りかけました。「わたしを見たから信じたのか。見ないのに信じる人は、幸いである」。バルティマイはまさに、イエスの業を見たから、癒されたから信じたのではなく、まだ見ぬイエスの力に信頼し、その出会いに、イエスの呼びかけに喜び勇んだのでありました。

イエスに呼ばれ、目が見えるようになりたいと初めて願ったバルティマイに、イエスはこう語りかけました。「行きなさい、あなたの信仰があなたを救った」。あなたの信仰、バルティマイ自身の信仰が彼を救ったというのです。その信仰とは何か、それはまさに、「ダビデの子イエスよ」と叫んだ彼の信仰、何よりも、すべてを投げ捨て、イエスの招き呼びかけに喜び躍った彼の信仰でありました。彼はここで、自分自身の生涯をイエスの招きに委ねたのです。本日の聖書の最後には、目が見えるようになったバルティマイが、なお道を進まれるイエスに従っていったと記されています。彼は、癒されて喜び、自分勝手な人生を新たに歩み出したのではなかった。そうではなく、彼はなお先へ先へと歩みを進められるイエスの道に従っていったのです。

この物語に続く一一章以下では、イエスのエルサレム入城が語られ、受難物語が始まります。すなわち、ここで言われるイエスの道とは、イエスの苦しみ、イエスの十字架の死、そして希望ある復活の出来事、そのすべての道を示しているのです。マルコは、このバルティマイという人がイエスの歩まれたすべての道に、忠実な僕《しもべ》として共に歩んだことを伝えています。この男の信仰が、初めから終わりまで、神に、イエス・キリストに忠実であったこと、その一部始終をここで伝えているのです。
私たちもまた、バルティマイの信仰にならい、自らの信仰を大胆に叫び続けていこうではありませんか。その叫びを聞いて必ずやイエスは、「安心しなさい。こっちに来なさい。私について来なさい。私と共に歩みなさい」と、救いの道へ私たちを誘ってくださいます。私たちはその呼びかけを信じ、その呼びかけに気づき、態度で示していくのです。大きな喜びをもって、イエスの道を躍り上がるように共に歩んでいくのです。イエスに自分の理想を押しつけるのではなく、私たちの願いを叫びながらも、イエスの招き、神の御心を待ちながら歩んでいく。そのような開かれた心を絶えず持つことが、私たちの信仰において極めて大切なことであるのです。

（二〇一〇年八月一五日、霊南坂教会朝礼拝説教）

加齢なる神殿

ルカによる福音書二一章一―九節
ハガイ書二章一―九節

ここ数週間、昼夜を問わず、ある団体の方から教会に電話がかかってきます。困ったことにその方々は、深夜〇時だろうと一時だろうと関係なく電話をしてきては「今から行きます」と一方的に教会に来るのです。彼らの名は関東電気保安協会。漏電の信号を感知して、二四時間一日散に出動するいわば電気のレスキュー隊です。彼らは教会から漏電信号が出ていると言ってやって来ました。けれども、何度来ても原因が分からない。結局原因が分からずに帰る。しかし数日後にまた漏電信号を感知してやって来る。こうした日々が数週間続きました。深夜の電話、深夜の訪問もさることながら、漏電とは恐ろしいことです。漏電は火災にもつながる危険な状態です。その信号が出ているのに原因が分からない。ここ数週間は実に落ち着かない日々を過ごしました。しかしもうご安心ください。先週ようやく原因が分かり修理を終えて、今はもう漏電の心配はありません。しばらくは関東電気保安協会からの電話もないでしょう。いったい漏電の原因はどこにあったか。実は皆さんの頭の上、この大きな上から吊るされた照明、この配線の一部に問題があったようなのです。

私たちが礼拝を守っているこの会堂も、建堂以来二五年を経過しました。まだ二五年しか経っていないと言えばそれまでですが、私がこの教会に赴任してからのこの一年においても、電気、空調をはじめとして、教会内のさまざまなところで経年劣化という言葉をよく耳にしました。二五年という時が、確かに、今この会堂にじわじわと染み込んできている。この事実を私たちはしっかりと受け止めなければなりません。この会堂は本当に立派です。しかし、この立派な会堂も、確実に年を重ねているのです。パウロは「見えるものは過ぎ去りますが、見えないものは永遠に存続する」（Ⅱコリ四・一八）と言いました。まさに、私たちが今この目で見ているものは、永遠のものではないということを、私たちはいつも心にとめておかなければなりません。

本日の聖書、この舞台となったのは、エルサレム神殿です。この当時のエルサレム神殿は、外壁は真っ白に輝く大理石であり、その美しさは、遠く数キロメートル離れた場所からでも確認することができたと言います。かつて、この丘の上に立つ霊南坂教会も、旧会堂の赤いレンガが遠く渋谷駅から見ることができたそうです。まさにそのように、遠くからでも確認できる壮麗さを持っていた神殿。それがこの当時のエルサレム神殿でありました。人々はこの神殿に圧倒されたことでしょう。「こんな立派な建物が崩れるはずがない」。そう思った人もいたに違いありません。これは私たちも陥る過ちです。

そこでイエスは言われます。「あなたがたはこれらのものに見とれているが、一つの石も崩されずに他の石の上に残ることのない日が来る」。必ず崩れる。イエスは、当たり前のことを言われたのです。人間は、自分が絶対だと思っていることが絶対でないと言われたとき、とんでもなく動揺をしてしまいます。この後、イエスとの対話を繰り広げる人々の言葉、その問いかけはまさに、その人間の姿を映し出したものであると言うことができるでしょう。

人々は慌てふためき、こう尋ねました。「先生、では、そのことはいつ起こるのですか」。聖書には来るべき時に、神の裁きによってすべてのものに滅びの時が訪れるということが伝えられています。彼らはこれほど立派な神殿が崩れるようなことがあれば、それはもうこの終末のしるし、世の終わりの日ではないかと思ったのです。自分たちが今見ているものがすべての物事の判断基準となっているのです。イエスはここで、彼らの問いかけに直接答えません。間接的にこう言われただけです。「その神殿が崩れるとき、あなたがたは惑わされてはならない。いろいろなことが起こるが、それらのことは皆、世の終わりが近づいたしるしにはならない」。

一九九〇年以降、多くの映画に共通しているテーマの一つは「終末論」であると言われています。宇宙戦争や地球温暖化によって人類が滅亡の危機に直面する。そうした類の映画が数多く作られ、どれも世界的なヒットを記録しているのです。しかも、人々はおもしろがってこうした映画を観るのではありません。現実にこうしたことが起こるかもしれない。そうした恐怖心を持ちながら、未来予知的な何かを感じて、これらの映画に心を奪われるのです。

その意味で、「惑わされるな」とのイエスの言葉は、まさに現代を生きる私たちに向けて語られた言葉なのです。世の中は騒ぎ立つ。戦争だ、温暖化だ、自然災害だと言って、終末が来たと言う。それは確かに恐ろしいことであり、あってはならないこと。本当にこの世が終わってしまうのではないかと思えるほど、恐怖に満ちた出来事です。しかし、イエスはそれが世の終わりのしるしとは言えないと断言されるのです。人間は恐れによって理性を失うことがあります。だからこそ、あなたがたはその恐れによって決して惑わされてはいけないと、イエスは語っているのです。

惑わされるな。それはつまり、大切なことを見失ってはならないということです。先ほど紹介した映画の中で共通していることの一つは、どの映画にも人間の醜さが描かれているということです。世の終わりという情報を前に、人々は混乱し、だれよりも自分の命を大切にする。さまざまな噂に翻弄され、助け合っていた人々が傷つけ合う。共に生きることを忘れ、ある者は人間性や愛を失い、目に見える安全だと思える何かにすがりつこうとする。しかし、それも崩れる。そしてまた混乱する。結局人々は路頭に迷ってしまうのです。だから、イエスは、そうならないように、惑わされないように、しっかりと一つのことだけを見つめていなさいと言われるのです。

私たちはここで、レプトン銅貨二枚をささげたあのやもめの姿を思い出します。やもめがささげた献金は、金額的にはごくわずかなものでありました。しかしイエスは、このやもめが献金するその姿に、大変感動したのです。そしてイエスはこう言った。「確かに言っておくが、この貧しいやもめは、だれよりもたくさん入れた。あの金持ちたちは皆、有り余る中から献金したが、この人は、乏しい中から持っている生活費を全部入れたからである」。

イエスが感動されたのは、そのやもめが乏しい中からも生活費のすべてをささげたからだと記されています。しかし、このやもめの行動は、私たちにとってみればなかなか理解のできないことです。それこそ、この後私たちは献金をささげますが、だれが今日生活費のすべてをこの場に持ってきているでしょうか。もし仮に、生活費全部を入れるということが献げ物にとって大切なことであるならば、だれがそれに応えることができるでしょう。そんなことをしたら、住む家も、食べるものもなくなってしまうではないか。教会に来る電車賃さえもなくなってしまうではないか。確かにそれが私たちの生きる現実でしょう。

ではここで、イエスは何を言おうとしておられるのでしょうか。決して、持っているお金をすべて献金しなさいなどと、そんな横暴なことを言っているわけではないのです。確かに、イエスは「生活費すべてをささげたやもめをほめた」と記されています。しかし、この「生活費」と訳されている言葉は、本来「命」と訳されてもいい言葉なのです。イエスは「明日のことで思い悩むな」と言われましたが、このやもめはまさに、生きるために必要なものを、命をすべて主にささげた。明日のことを思い煩うこともなく、生ける神の御手に今という時をすべて委ね、すべてのことから自由にされている。イエスはその姿に感動を覚え、そしてまた、その信仰こそが大切であると言われたのです。

私たちが日々さまざまなことに惑わされ、道に迷うとするならば、それは、最も大切なことを見失っているのです。目に見えるものにすがりつき、人間の力に固執し、その結果さまざまな噂に翻弄されてしまう。世の終わりが近いと言われると慌てふためいてしまう。なんとしても助かりたい。それはいつ起こるのか。どんなしるしがあるのか。人々はこうして騒ぎ立ち、情報を集め、その時に備えようと躍起になるのです。マタイによる福音書の平行記事において、イエスはこのような人間の姿を「愛が冷えた状態だ」と言っています。

しかし、私たち主に従う道を選んだ者は、キリストの愛のゆえに、決して冷えることのない生ける神の愛の中を生きています。そしてその愛が、私たちのあらゆる思い煩いをすべて解き放ち、自由にしてくれるのです。終末はいつか、世の終わりはいつか、そのしるしはどんなものであるのか。そんなことに、恐れを抱き、心を奪われる必要はないのです。なぜなら、私たちはこの命をすでに主にささげているからです。その主によって、私たちはすでに永遠の命を与えられているからです。来るべき終末の時にも、すべてが滅びる裁きの時にも、どんな恐れがあろうとも、私たちは憐れみ深い神の愛に、そのすべてを生かしていただくことができるのです。

私たちが献金をささげるときに、司会者はこう言います。「私たちの感謝と献身のしるしとして献金をささげます」。献身というのは、「身を献《ささ》げる」と書く。私たちが日々献金をささげるということは、神にこの身をささげるということであり、神にこの命を委ねて生きるという信仰を、感謝をもって告白しているということなのです。その意味で献金とは、一つの信仰告白でもあるのです。

神は、私たちの献身するその姿に感動し、その信仰告白に感動し、愛と憐れみをもって、私たちの命を受け止めてくださいます。だからこそ、どんなに世が騒ぎ立とうとも、私たちは惑わされることなく、恐れることなく生きることができるのです。静かに祈りを合わせ、主にすべてを委ねる、その信仰に堅く立つことができるのです。

イエスが預言した通り、壮麗なエルサレム神殿は紀元七〇年、ユダヤ戦争によって崩壊しました。どんなに美しい神殿も、時の流れに逆らうことはできない。エルサレム神殿の崩壊はそのことを象徴的に物語っています。私たちが目を注ぐべきものは、今目の前に見ているものではありません。どんなに絶対だと思っているものも、今見ているものは過ぎ去っていくのです。私たちに与えられているこの肉体も、いずれは滅びてしまいます。しかし、私たちにとってはそのようなことも決定的な滅びではない。終わりではありません。エルサレムの神殿が崩れても、神の救いが崩れることはないのです。

神は決して滅びることのない、栄光と平和に満ちた新しい神殿を私たちにお与えくださると約束されました。だからこそ、この救いの約束を信じて、たとえ滅びゆく世にあっても、私たちは主にすべてを委ね、平安のうちに、心からのレプトン銅貨をささげ続けていきたいと思うのです。それが朽ちることのない、新しい主の神殿に生きるということであり、主の与えられた新しい命を生きるということなのです。

（二〇一一年一月三〇日、霊南坂教会朝礼拝説教）

ただいま弟子募集中

ルカによる福音書一四章二五―三五節

町を歩いていると、こんな看板を見かけます。「警察官大募集」「消防官大募集」、また「アルバイト大募集」。いわゆる、求人の広告です。不景気、就職難のこの時代に反して、町にでかでかと「大募集」と書いてある。これらの看板を掲げている職場はさぞ人手不足なのだろうと想像します。「はい、私働きたいです」と言えば、すぐにでも雇ってくれそうな気がします。ところが、当然そんなわけもなく、警察官、消防官であれば、地方公務員試験を受けなければなりませんし、アルバイトであっても、面接をし、週に何回働けるか、時給はどれくらいか、その仕事に向いているか否かを判断しながら、また判断されながら、採用されるか、されないかが決まります。「大募集」と言いながら、現実にはさまざまなハードルがあるわけです。

聖書の世界においてイエス・キリストに従っていった人々。もしかしたら彼らもある種、これと同じような経験をした人々かもしれないと思うことがあります。イエスは「疲れた者、重荷を負う者はだれでも、わたしのもとに来なさい。休ませてあげよう」と語ったほどに、いつもオープンな方でありました。まさに「ただいま弟子募集中」という看板を掲げるかのごとく、イエスはいつ何時も、計り知ることのできない愛をもって、どんな人々にも自らにつながる門戸を広げ、救いの手を差し伸べていました。それは間違いなく事実です。しかし、いざその温かな招きの言葉に応え、イエスのもとに座し、じっくりとその言葉に耳を傾けてみると、イエスはしばしば大変厳しい言葉を語られて、さまざまなハードルを持ち出してくるのです。

今日の聖書もそうでしょう。「大勢の群衆が一緒について来た」とあります。皆イエスに期待してその後について来たのです。イエスが「わたしを信じなさい」「わたしに従いなさい」と言うからその後について来たのです。しかし、そこでイエスが語った言葉は、大変衝撃的であり、ショッキングな言葉、人々を躓かせるような言葉でありました。「もし、だれかがわたしのもとに来るとしても、父、母、妻、子供、兄弟、姉妹を、更に自分の命であろうとも、これを憎まないなら、わたしの弟子ではありえない」。

信仰には躓きが伴うとよく言われますが、まさに、今日の聖書においてイエスが群衆に語った言葉は、躓きとしか言いようがない言葉でありました。先日二人目の子どもが生まれ、家族の幸せを感じている私にとって、この言葉はあまりにも厳しく、神の冷たさをも感じる言葉です。私たちはこの厳しい言葉のどこに、福音を見いだすことができるのでしょうか。

私たちはここで思い出すかもしれません。ちょっと待て、確か聖書には「あなたの父母を敬え」という言葉があるではないか。「隣人を自分のように愛しなさい」という言葉があるではないか。これらのことと、家族や大切な存在を憎むということは全く矛盾しているではないか。また、イエスは敵を愛しなさいと言われたけれども、敵を愛して、家族を憎めとはいったいどういうことか、本末転倒ではないかと、他の聖書の言葉と比べても、やはり私たちは矛盾を感じ、躓きを覚えます。しかし一方で、ここにヒントがあるようにも思います。すなわち、真理を語るイエスが聖書全体において矛盾を語るはずがないというところに、まず前提を置くべきなのです。聖書全体ではむしろ、家族、大切な人、隣人を愛することの必要性が語られている。そうであるならば、今日の聖書においてイエスが言おうとしていることは、決して文字通り、家族を憎み、家族と敵対することではないはずです。

そうです。実は、この「憎む」と訳された言葉は、「より少なく愛する」あるいは「これまでと視点を変える」という意味のある言葉なのです。つまり、ここでイエスが言っていることは、家族を憎み、家族と敵対し、家族と離れ、孤独になって神を信じなさいなどということではないのです。そうではなく、これまでの家族に対する視点を、少し違う視点で見つめなさいと言っているのです。もっと広い意味で言うならば、家族というのはこの世の血縁関係のことを指しているわけですから、そうしたこの世の価値観からの脱却、この世の価値観からまことに自由になること、そして、キリストだけを見つめ、神を受け入れること。それこそがキリストの弟子になる条件なのだということを、イエスはここで言いたかったのだと思います。

家族は確かに最も愛すべき存在です。しかし、イエスがここで問題にしているのは、大切な身近な人々に対する私たちの自主性と自由の問題です。夫婦間において、しばしば夫のことが主人と呼ばれます。夫が主なる人となり、妻はまるでその主に従う人であるかのような表現です。また、少し前の時代には、父親の存在は家庭において絶対であり、家族はその力のもとにいる存在であると考えられたときもありました。また、そうした権威的なことでなくとも、家族への愛のあり方が、かえって自らの欲望を膨らませ、それがしばしば神をおろそかにするきっかけになってしまうということも起こります。神が主、メインではなく、神は二の次、三の次、この世が主、この世の血縁が主、私が主、メインになってしまうということがどうしてもあるのです。イエスはここで、そのことを憂いているのだと読むべきでしょう。だから、本当にキリスト者として、イエスの弟子として歩もうとするならば、家族や、自分自身のことを、今一度視点を変えて見つめ直し、すべてのしがらみから自由にされて、何よりも神を第一に見つめる信仰に生きなければならないと、イエスは言うのです。

この視点に立つときに、私たちは一つのことに気づきます。それは、私たちがあらゆる心配や思い煩いをして、ときにはつらい思いをしながら愛そうとし、見つめてきた大切な人々、そして自分自身は、もはや私たちが気にとめるまでもなく、すでにイエス・キリストの愛に結ばれ、守られて生きている者たちであるのだということです。キリストの弟子になるということは、キリストがすべての者の主であるということ、この世が神の支配のもとにあるということを認めるということです。だから、すべてを造り、すべてを生かし、すべてを守ってくださるその神の愛に信頼し、本当に与えられた自由の中で、大切な人々をも神の愛に託していく。それこそが、新しく示された大切な存在の愛し方、大切な存在との向き合い方ではないかと思います。

先日、夜のニュース番組において、キャスターがこんなことを言っていました。「東日本大震災の被災者の人々に話を伺うと、家族と一緒にいて最も幸せだと感じる瞬間が、最も寂しく、悲しくなる瞬間だと言っていました。皆、その幸せがいつかは失われてしまうのだという儚さのようなものを感じているようです」。短い言葉ですが、非常に考えさせられる言葉でありました。最も幸せな瞬間が、最も悲しい瞬間だというのです。震災によって一瞬にして家族を奪われた人々、またそのような人々を間近で見てきた人々の言葉です。いくら家族を愛しても、家族と一緒にいても、その大切な人々と引き離される時が来る。命の終わりという絶望に直面するとき、人はそこに、救いようのない悲しみを覚えるのです。

私自身もそう思うと、なんだか悲しくなってきました。子どもと戯れ、子どもを抱きしめ、その笑顔を前にしているとき、ふと、もし自分が今死んだらと考えて、とても悲しい気持ちになったのです。しかし、私たちには、その闇から引き上げられる希望の信仰が与えられているということにすぐ気づきました。キリストの弟子とされた者は、そこに視点の転換が与えられるのです。父、母、妻、子ども、兄弟、姉妹を、更には自分の命をも憎む、その命を違う視点で見る。それは、この世で終わるこの世の命、この世の価値観、この世の関係性を超える、永続的な神の命にあずかる希望です。イエス・キリストによって神に結ばれた私たちは、決して失われず、永遠に朽ちることのない命を与えられ、その命のゆえに、大切な人々と固く結ばれ続けることができるのです。そしてそれが、自分の十字架を背負って生きるということにもつながります。人間の弱さ、もろさを自覚し、その弱さを背負いつつ、先に十字架の道を歩まれたイエスに従って生きようと、固く決意をするのです。

イエスはすべての人を招いています。今この時も、「わたしを信じなさい。わたしの弟子となりなさい。そして、失われることのない命に生きなさい」と招いておられます。けれども、その招きに応えるためには、私たちの決意、決断が必要だとイエスは語ります。イエスは二つのたとえを語りました。一つは、塔を建てようとする者は、まず腰をすえて、計算をするであろうというたとえであり、もう一つは、敵と戦う王は、味方と敵の軍勢の比較をするであろうというたとえです。つまり、キリスト者は、自分が歩もうとする道についていつも思慮深くあり、十分に考えて決断をする必要があるのだということを伝えたかったのだと思います。しかしそれは、信仰の歩みに計算が必要であるということではありません。これから洗礼を受け、信仰生活を始めようとする人が、果たして自分はこれからキリスト者らしく生きられるかどうかということを問うならば、だれも不安に陥らざるを得ないでしょう。また、私には自信がありますと言う人がいれば、それは、傲慢以外の何ものでもないでしょう。

イエスがここで言おうとしていることは、いつも立ち止まりながら、自分の現在の立ち位置を確認すること、そして、この世のしがらみから自由にされ、すべてをイエスに明け渡して生きているかということを確認し続けること、それがキリストの弟子として必要な生き方であるということです。そう考えると、不自然にくっつけられたような、三四節以下の御言葉が輝いてきます。塩は塩気がなくては意味がない。塩は塩らしくあれ。キリスト者がキリストに生きなければ意味がない。キリスト者は、キリストに生きよというわけです。

簡単に聞こえて、非常に難しいことが告げられています。しかし、イエスの招きに応え、イエスの弟子としての人生を歩んでいこうとするならば、やはり必要なことは覚悟と決断です。イエス・キリストは私たちのために、また私たちの大切な存在のために、また私たちが悩んだり、思い煩ったり、心配したりするさまざまなところにまで御手を伸ばし、働いてくださいます。それが、十字架の恵みです。私たちはその力に信頼したいと思います。私たちにキリストの弟子となる資格があるか。それは分かりません。しかし、イエスは招いてくださるのです。その招きに応える唯一の道は、この世に抱くすべての思いをすべての支配者である神に明け渡し、委ねることです。そうしたときにこそ、私たちは本当にキリストの弟子とされ、キリストによって、すべてのしがらみから自由にされた人生を歩んでいくことができるのです。

（二〇一一年九月二五日、霊南坂教会夕礼拝説教）

キャプテン・キリスト

コロサイの信徒への手紙一章一五―二〇節

『キャプテン・アメリカ』という映画が、今、世界中で大ヒットを記録しているそうです。第二次世界大戦下のアメリカを舞台に、虚弱体質のため軍隊の入隊テストで不合格となってしまった愛国者の青年スティーブが、「スーパーソルジャー計画」という軍の極秘プロジェクトによって超人的な肉体を獲得し、いかにもヒーローらしい格好に変身して、祖国を守るために立ち上がるというストーリーです。この映画には、「世界最初のヒーロー」というサブタイトルもつけられています。少し調べてみましたら、どうやら、『キャプテン・アメリカ』はもともと、アメリカのマーベル・コミックという出版社が刊行した漫画のキャラクターであったようなのです。そして、スパイダーマンやアイアンマン、バットマンなどといった、いわゆるコスチュームを着て変身するスーパーヒーローの先駆けとして世に出たために、「世界最初のヒーロー」と呼ばれるようになったそうなのです。

スーパーヒーロー。その多くは、私たちの憧れの存在として描かれます。漫画や映画でも、必ずかっこよさ、力強さ、美しさを兼ね備え、輝かしい活躍によって勝利を手にする存在として描かれます。そして、『キャプテン・アメリカ』というタイトルにもあるように、国を統率するほどの力を持つ偉大な存在に、私たちはスーパーヒーローの姿を見ようとします。このことに、だれも異論はないでしょう。確かにそれが、私たちの世に広く知られる、世界最初の元祖スーパーヒーローの姿であり、だれもが憧れるキャプテンの姿です。

しかし、それは憧れであり、理想であって、現実の姿とはかけ離れているということを、私は自分自身の経験を通して知っています。実は、私もかつて、「キャプテン」と呼ばれたことのある一人なのです。高校時代、私は一〇〇人を率いるサッカー部のキャプテンを任されていました。そのことだけを聞けば、なんだかかっこいい存在のように聞こえるかもしれませんが、実際にはそうではありません。いつも、監督と部員の間、あるいは部員同士の間に立たされて、ああだこうだと好き勝手なことを言う一人ひとりの間を結ぶ存在となることを求められたのです。集団の統率者というのは、それが独裁者でない限り、むしろ自分の考えを押し殺し、人々のために働かなければなりません。ときにこっちの人々から罵声を浴びせられ、ときにあっちの人々から不満をぶつけられ、それでもそれらの人々の間に立って、あらゆる考えを持つ人々を一つにするために自分を犠牲にしながらも働いていかなければならない。屈強で豪腕な統率者というよりも、和解をもたらす仲介者であることが求められる。それが、私が経験したキャプテンの姿でありました。私がそれを成し遂げることができたとは思いません。しかし、私はそのような泥臭く、だれもそのような存在にはなりたくないと思えるような重荷を背負う存在、それが、私たちが生きる現実世界の真のキャプテンの姿であると思っています。

聖書が私たちに語ること、それは理想論やきれいごとではありません。苦難に満ちた私たちの現実世界に、聖書は良き知らせを届けてくれるのです。その良き知らせとは何でしょうか。それは、私たちの現実世界に、世界最初の真のキャプテンが与えられたということです。

「キリスト賛歌」と呼ばれる今日の箇所は、イエス・キリストがだれであり、どのような存在として世に与えられたかということを大変美しく歌う信仰告白です。見ることのできなかった不可視の神が、イエス・キリストの生涯を通して可視的になった。その素晴らしい恵みをもたらしてくださった方が、あのイエスなのだと今日の聖書は告白します。ここには、イエス・キリストが「すべてのものが造られる前に生まれた方」であるとか、「すべてのものよりも先におられた方」であるとか、「教会の頭」、「初めの者」、「死者の中から最初に生まれた方」、「第一の者」であるということが告げられています。すべてにおいて、キリストの優位性が示され、すべての者に先立つキリストの性質がここに告白されているのです。先在者の神であり、創造者の神であり、すべての頂点にいます神。私たちの信じるイエス・キリストは、そのような神の姿として世に来られたのです。なんと偉大な存在でしょうか。なんと力強い存在でしょうか。まるで、私たちが憧れる理想のスーパーヒーローかのように、イエス・キリストの輝かしい姿がここでほめたたえられています。

思えば、かつてイエスに従っていった一二人の弟子たちも、大国ローマに太刀打ちできるような、こうした力強い輝かしいイエスに期待をしていました。弟子たちは皆、イエスが示した数々の不思議な力に、常識を覆し自然界をも支配する凄まじい力に、ユダヤ世界の革命を期待したのです。このことを象徴するかのように、福音書の中にはイエスが数人の弟子を連れて、ある高い山の頂に登ると、そこでイエスの姿が変わったという記事があります。イエスの顔が太陽のように輝き、服は光のように白くなって、モーセとエリヤが登場し、何やらイエスと語り合うのです。このとき弟子たちは非常に興奮し、その高揚感を隠し切れませんでした。この輝きこそ、私たちの期待するメシアの姿だと、弟子たちは思ったに違いありません。しかし、イエスが示した道は、そうした弟子たちの期待を全く裏切るようなものでした。一時の輝きの後、イエスが弟子たちとその山を降りる。そこでイエスが語られた言葉は、「人の子が苦しみを受け、そして死に、復活する」ということを暗示するものであったのです。山頂で輝きを見、下山してイエスの死を告げられる。福音書記者が弟子たちの心の変化を象徴的に描いた物語です。

今日の聖書に戻りますけれども、ここでもまた、弟子たちが経験したのと同じように、私たちは高揚感に満ちた山頂から、一度下山をするように告げられます。すべての者に先立ち、すべての者の上に立つ、力強く輝かしいイエス・キリストを歌っていた賛歌は、二〇節になって、苦しみと受難を思い起こさせる、十字架にかかるイエスを示すのです。「十字架の血」。それは、この世の裁判で死刑に処せられた罪人の流した血です。私たちはあらゆる美術、芸術を通して十字架にかかるイエスの姿を知っています。手と足に釘を打たれ、頭には茨の冠、脇腹は槍で刺され、それらの傷口から痛々しく生々しい血が流れています。これが、天地万物を造り、すべての者の上に立つスーパーヒーローの姿でしょうか。キリストを「初めの者」「第一の者」と歌っていた美しい賛歌は、「十字架の血」という一言によって、一気に暗く、痛みに満ちた歌となってしまうのです。これを本当に賛歌と言っていいのだろうか。

しかし、私たちはだれもが目を覆いたくなるようなこの十字架の死、そこで流されたキリストの血が、いったいどれほどの力を持つものであったのかを知らされています。聖書は、神は罪なきご自分の御子、イエス・キリストに痛みと苦しみを負わせ、最も惨めな死を遂げさせることによって、その死を罪に生きる私たちと神との和解のしるしとし、そのことによって新しい平和を創造されたことを告げるのです。イエスの死は、私たちの罪を贖う死であった。この死によって、私たちは罪を赦され、神の前に立ち、新しく創造された神の世界に迎え入れられるのです。私たちは気づいていないかもしれませんが、本当は、私たちが自らの罪深さによって、神の前に十字架にかかり、死ななければならないのです。しかし、私たちのキャプテン・キリストは、その苦しみの十字架をも私たちに先立って背負ってくださり、初めての犠牲者、第一の犠牲者となってくださったのです。しかも神は、この第一の犠牲者に続く第二の犠牲者を必要とはしません。第一の者となられたキリストを、唯一の、一度きりの存在とされたことによって、私たちはその死を免れたのです。では、死からの復活についてはどうでしょうか。キリストは死者の中から最初に生まれた者、すなわち復活された者となったと記されていますが、これも一度きりのことであったでしょうか。不思議なことに、神はこの復活ということにおいては、キリストに次ぐ第二、第三の者を生み出してくださる。愛と恵みに満ち、憐れみ深い神は、私たちの苦しみを取り去り、希望をお与えくださったのです。それがイエス・キリストの十字架と復活に秘められた神の御業です。

イエスの十字架は、この世から見れば敗北者の姿であったでしょう。私たちが憧れるスーパーヒーローには決してなり得ない、弱々しい敗北でありました。しかし、私たちは知っているのです。傷つき、弱り果ててもなお、最後に復活という勝利を手にしたキリストは、決して敗北者ではなかったのです。むしろ、苦しみや悲しみ、痛みに満ちた私たちの現実世界に入り込み、その重荷を共に担い、さらに先立って担ってくださるキリストこそが、私たちにとって世界最初の真の勝利者であり、真のスーパーヒーローであり、真のキャプテンであるのです。神と私たちとの間で、また、私たち人間同士の間で、キャプテン・キリストは自らを犠牲にしながらも、仲介者となり、すべてを和解させるために、すべての者の先頭に立って働き続けてくださるのです。

スイスの神学者カール・バルトは、生前彼の教え子たちにこのような言葉を語っていたそうです。「かの日には、路傍の石ころ一つでも、神をほめ歌わないことはないであろう」。この言葉は、後の神学者たちから「希望の神学」と呼ばれるようになったそうです。「路傍の石ころ一つの存在」、つまり、だれからも目を止められない、踏みつけられ、蹴飛ばされ、はじき出されるだけの石ころ。無意味であり、無価値としか思えない存在を、バルトは「神をほめ歌う」存在として発見しているのです。石ころですらも神をほめ歌う。それほど計り知れない御業を、神はイエスを通して成し遂げられたということです。

イエス・キリストは今日も、私たちに先立って歩みを進めてくださっています。私たちの経験する苦しみも、悲しみも、喜びも、死も、復活も、すべてに先立って、歩みを進めてくださっています。なぜ先立つことができるのか。それは、神が私たちのことをすべてご存じであり、私たちに必要なものをすべてご存じだからです。だから私たちは、その後についていけばいいのです。何も恐れることはなく、このキャプテンのもとについていけばいいのです。キャプテンのもととはどこでしょうか。キリストは、教会の頭なのです。私たちがこの教会で神への信仰を確かなものとし、日々御心を求める歩みをなしていくならば、そこが、頭なるキャプテン・キリストのもとであり、神の愛に包まれた恵みと慰めと癒しに満ちたところとなるのです。理想ではなく、私たちの現実に生きて働くイエス・キリスト。その大きな存在に気づかされ、励まされて、与えられた今週の日々も、歩みを進めていきましょう。

（二〇一一年一〇月二三日、霊南坂教会夕礼拝説教）

これが目に入らぬか

ヨハネによる福音書二章一三―二五節
列王記上八章二二―三〇節

一九六九年より四二年間にわたって放映されてきたテレビドラマ『水戸黄門』が、先月をもって最終回を迎えました。私も幼い頃から、何度もこのテレビドラマを観て、主人公である水戸光圀公、そして助さん格さんの姿に釘付けになったものでした。なんといっても、『水戸黄門』には必ず爽快なお決まりのクライマックスが待っているのです。悪事に手を染めた人々が暴れに暴れた後、助さん格さんのこのセリフによって捕らえられる。「この紋所が目に入らぬか」。このセリフとともに徳川家の葵の紋が描かれた印籠が見せつけられると、それまで威張り散らしていた人々が一変地にひれ伏すのです。

私は幼心にいつも不思議に思っていました。なぜあの印籠を見せつけられただけで人々が地にひれ伏すのかと。あの印籠にはどんな力があるのか。そう思って私もあの印籠が欲しくなりました。幸いなことに私の祖父母は京都に住んでいました。しかも祖父は牧師。「求めなさい。そうすれば与えられる」と聖書にありますけれども、その通り、祖父はすぐに太秦へ行ってあの印籠を買い与えてくれました。

ところが、この印籠を手にして私はがっかりしました。この印籠にどんな力があるのかと期待をしていたのに、この印籠を手にして家族や友達に見せつけ「これが目に入らぬか」と言っても、だれもひれ伏してくれないのです。印籠が何の力も果たさない。ショックでした。

今になって思えば当たり前なことなのです。印籠に描かれた家紋、すなわち、一つのシンボルというものは、そのシンボルの本当の意味を知っている人にしか意味をなさないのです。シンボルというものは、解釈を必要とします。シンボルそのものから力が放出されているのではなく、それを見た人がそこで何を思うか、このことによって初めてシンボルは力を持ち、意味をなすのです。

ユダヤ人の過越祭が近づいていたある日、イエスはエルサレム神殿へと足を運びました。当時の神殿における礼拝では、旧約聖書の教えに基づき犠牲の動物をささげることが習慣になっていました。けれども、エルサレムに集まってくる巡礼者は、自分の故郷から遠路はるばる動物を引いてくることはできません。ですから、皆エルサレムに来てからそれを買い求めたのです。神殿で商売がなされていた。そう聞けば私たちは「それはダメだろう」と思うかもしれません。しかし、当時の神殿礼拝において、そこに商売人がいることは必要不可欠なことであったのです。もちろん、イエスも幼い頃からそのような習慣の中で育った人でありましたから、そのことに対する理解はあっただろうと思います。

けれども、イエスはここで、巡礼者のだれもが必要としていたこれらの商店を、「わたしの父の家を商売の家としてはならない」と言って、縄で鞭を作り、それを振り回して迷うことなく商人もろとも追い出してしまわれたのです。ここは神殿の境内です。私たちが今守っているのと同じ、厳粛な礼拝を守るべき神殿の境内です。しかし、イエスはそこで大暴れをした。人々は驚いたに違いありません。

イエスはここで何を伝えたかったのでしょうか。二つのことが考えられます。一つは、神殿における動物の販売が、単に礼拝において必要なものを揃えるということにとどまらず、商売人に巨額な利益をもたらしていたということです。俗に言うぼったくりというやつです。私たちの教会でも、聖書や賛美歌といった信仰生活に欠かせないものを販売し、年に一度大々的にバザーをして、この建物いっぱいに商店が並びます。しかし、決してぼったくりをしているわけではありません。そもそも聖書などは、出版社の売値で販売していますから、教会には一つも利益はありませんし、バザーにしても、それらの利益を自らの懐に入れるわけではなく、対外的な支援のために用いています。イエスに「神の家を商売の家としてはならない」と言われると、私たちのしている聖書販売やバザーまでも否定されているように思いますが、そうではないのです。イエスはここで、人々を騙し、自らの懐に利益をかすめ取る悪質な商売を禁じているのです。

もう一つは、商売人だけでなく、信仰者全員に関わることです。イエスはこの出来事を通して、礼拝改革を試みたのです。これまでの神殿礼拝においては、神に自らの罪を赦していただくために、犠牲の動物、犠牲の献げ物が必要でした。しかしイエスは、それらをすべて追い出すことによって、礼拝における犠牲の祭儀を廃止しようとしたのです。聖書には、「何を食べようか、何を飲もうかと思い悩むな」というイエスの御言葉がありますが、巡礼者たちは神殿に赴くたびに、自らの罪を悔い改めることより、犠牲の動物にばかり気を取られ、いつも「何をささげようか」と思い悩んでいたのです。礼拝において神の前に立つべき最も大切な姿勢が失われていた。だからイエスは、そのような形式的な礼拝を改革しようとしたのです。

しかしこれは、決して今までにない全く新しい礼拝を目指す改革ではありませんでした。いわば神殿礼拝の原点に帰る、原点回帰の改革であったのです。本日の第一日課には、紀元前一〇世紀にイスラエルの王ソロモンが建てた、初代エルサレム神殿の献堂式の様子が記されています。献堂式ですから、これは神殿で最初に行われた礼拝です。そこでソロモンがしたことは、イスラエルの全会衆を前にして主の祭壇の前に立ち、両手を天に伸ばして祈るということでありました。神殿礼拝の原点には祈りがあった。いや、神殿礼拝には祈りだけが必要だったのです。神殿とは本来、商売の家でもなければ、犠牲をささげる家でもなく、人間が神に対しての信仰を表す祈りの家であったのです。ソロモンは何を祈ったのでしょうか。神の臨在を願い、またそのことを確信して感謝の祈りをささげたのです。ソロモンにとって、神殿とは神がそこにいるということのしるし、シンボルであったのです。ソロモンはそのシンボルを通して、そこに神が臨在していることを想い起こし、それゆえに、そこで祈る祈りは、すべて神に聞き届けられるものであると確信していたのです。

シンボルとは、ギリシア語でスィンバレインという言葉です。これはもともと、「共に投げる」という意味を持つ言葉です。ある者とある者が、同じところに向かって互いに自己を投げ出したときに、シンボルは初めてその意味を果たすということです。神とソロモンは、神殿という出会いのシンボルにおいて、互いにその身を投げ出したのです。神はソロモンに向かって自らを投げ出しソロモンの前に現れた。ソロモンは神に向かって自らを投げ出し、心の奥深くから感謝と願いの祈りをささげたのです。神殿礼拝の原点、そこには神と人間とが互いに自らを投げ出す姿勢があった。本来神殿とは、そのことを想い起こす空間であったのです。しかし、やがて人間はそのことを忘れてしまいました。自らをささげることを忘れたばかりか、神ご自身が私たち人間のために、その身を投じてくださっていることも忘れてしまったのです。

イエスが神殿から商人を追い出したとき、ユダヤ人たちはイエスにこう言いました。「あなたは、こんなことをするからには、どんなしるしをわたしたちに見せるつもりか」。イエスは答えました。「この神殿を壊してみよ。三日で建て直してみせる」。二一節には、イエスのこの言葉が、ご自分の体のことであったと説明されています。イエスは、神殿から犠牲の動物や商人たちを追い出し、礼拝における犠牲の祭儀を廃止されました。しかし同時に、人間の罪を贖うために、動物に変わる新しい犠牲として、自らの体をささげる覚悟があることをここで示したのです。神が人間のために身を投じてくださっている。その意味が、ここで明らかになるのです。神自らが、イエス・キリストとして世に来られた。そして、人間の罪のためにその身を投じられ、十字架にかかって死んでくださった。そしてまた、イエス・キリストは十字架の死から三日目に復活された。このことこそが、神が人間のために身を投じてくださったしるしであり、人間を罪から解き放ち、死の絶望から復活の希望へと導いてくださる何よりのしるしなのです。イエスは、そのことに気づいてほしかった。もう人間は、自分の罪のために、どんな犠牲をささげようかと思い煩う必要はなくなったのです。後は、私たちがそのことに気づき、ソロモンのようにただただ心の奥深くから感謝し、祈りをもってその身を神に投じていくこと、委ねていくこと、それだけが求められているのです。

日本における礼拝学研究の先駆けとなった岸本羊一牧師は、『礼拝の神学』（日本キリスト教団出版局、一九九一年）という著書において次のように言っています。礼拝において重要なことは、あらゆるシンボルを通して、イエス・キリストの生涯を想い起こすということである。想起は、回想とは異なる。回想というのは過去の出来事を過去のこととして再認識することであるのに対して、想起は過去の出来事を「いま、ここ」の事柄として受け取る現在化の営みである、と。岸本牧師は、礼拝において語られる御言葉、また、礼拝堂に掲げられた十字架、そして、礼拝においで賛美され、奏でられる音楽を神の御業を想い起こすシンボルとして捉えています。しかも、そのシンボルは、二〇〇〇年前の出来事を想い起こすためのものではなく、今ここに、あの二〇〇〇年前の神の力が及んでいるということを知るためのものであると言っているのです。私たちが守るべき神殿の礼拝とは、まさにこれであろうと思います。御言葉が語られるとき、そこで、今まさに私たちに語りかけられている神の御言葉を聞くのです。十字架を見上げたとき、今まさに私たちのためにイエスが十字架にかかってくださっていることを覚えるのです。そのために、日々繰り返し御言葉が語られ、またこの正面に高々と十字架が掲げられているのです。

私たちは、十字架と復活を通して知らされた一方的な神の憐れみ、神の愛、神の恵みを何度聞いても、それを忘れたり、軽んじたりしてしまうことがあります。ここに十字架が掲げられていることをうっかり忘れたり、この十字架を見つめても何も思わないでいることもあるかもしれません。しかし、今一度想い起こさなければなりません。なぜ、ここに十字架が掲げられているのか。なぜ、日々御言葉が語られるのか。なぜ、私たちは賛美をするのか。私たちはその一つひとつのシンボルを通して、神の働きを現在の営みとして受け取るのです。

この十字架を見るたびに、この十字架の前に立つたびに、神が今私の罪のために十字架にかかってくださっているということを想い起こすのです。世の人々にとってはただの飾りのように見えても、私たちにとってはこの十字架が大きな意味を持つのです。神が私たちのために自らの身を投じてくださったシンボルがここに掲げられています。あなたはこれを見て、何を思いますか。神は、このシンボルを通して、今私たちに問いかけておられます。

（二〇一二年一月二九日、霊南坂教会朝礼拝説教）

かげの薄い人

ルカによる福音書二四章一三―三五節

私の目の前で、私に気づかず、私の話をしている人がいる。皆さんはそんな経験をしたことはないでしょうか。私は高校生のときにそのような経験をしたことがあります。私は神奈川県でベスト４に入る、地域では強豪校と呼ばれる高校でサッカーをしていました。ある日の試合の帰り道、満員電車の中で、対戦相手の選手たちが私に気づかず、私のプレーについて話している場面に遭遇したのです。「あの一〇番上手かったなあ」。彼らが話す一〇番とは、私のことでありました。今思えば、ほめ言葉でよかったなと思うわけですが、それがほめ言葉だとしても、ある人たちが自分に気づかず、自分のことを話している場面に遭遇するというのは、なんだか恥ずかしさを覚えるものでありました。もし、彼らが私に気づいたら、きっとその場はお互いに気まずい雰囲気になったでしょう。だから私は、彼らに気づかれないように顔を背け、できることならその場から離れ去りたいと願いながら、その時を過ごしたのです。当たり前なことですが、決して、それは「私のことですか」と名乗り出たり、「その人の話をもっと聞かせてください」と、とぼけた質問をする気にはなれませんでした。

そのようなことを思い出しながら今日の聖書を読んでいると、記された出来事がなんとも滑稽な一面を持つ話であることに気づかされます。想像してください。十字架の死から復活されたイエス・キリストが、自らのことを話している二人の弟子に出会い一緒に歩くのです。しかし、この二人の弟子は、一緒に歩いている人がイエスだとは気づきません。イエスのことが、イエスの目の前で話されているにもかかわらず、話している弟子たちはそのことに気づかない。ここに描かれたイエス・キリストは、実にかげの薄い人として描かれているのです。まさに、私が「恥ずかしい」と感じたあのシチュエーションです。しかし、イエスはまるでその状況を楽しむかのようにこう言いました。「歩きながら、やりとりしているその話は何のことですか」。さらに、「エルサレムに滞在していながら、この数日そこで起こったことを、あなただけはご存じなかったのですか」と聞かれると、「どんなことですか」ととぼけて聞き返すのです。

自分のかげの薄さに恥ずかしさを覚えることもなく、むしろこの状況を積極的に楽しんでいるようにすら見えるイエス。そこまで首を突っ込んでいくなら、イエスはなぜここで「それは私のことだ」とストレートに言わなかったのか。私はいろいろなことを想像します。しかし、一つだけ明らかなことがあります。それは、確かにイエスは「それは私だ」とは言わなかったけれども、必死に「それは私だ、私は確かに復活したのだ」ということを気づかせようとしていたということです。

一七節によると、イエスと共に歩く二人の弟子は暗い顔をしていたようです。彼らはこのときすでに、苦難の道を歩まれたイエスが、十字架の死から復活されたのだという情報を持っていました。しかし、彼らはなおも暗い顔をしていた。彼らは、イエスが復活したのだということを、事実として信じることができなかったのです。もうすでに、その復活をされたイエスが自分たちと共に歩いてくださっているというのに、彼らはまだ気づくことができなかった。イエスは、気づいてほしいのです。イエスは、信じてほしいのです。「それは私だ」と言ってしまうのは簡単だけれども、あえてそうせずに、彼らが気づき、彼らが信じることを求められた。なぜなら、その気づきに至ることこそが、信仰であるからです。

しかし、彼らは鈍かった。二五節でイエスが嘆いているように、彼らは鈍感で、的外れで、聖書に記された預言者たちの言葉を何度聞いても、そこに示されたイエスのことが理解できなかった人たちであったのです。私たちもそれぞれに、いろいろなところで鈍さというものを持っています。人と話が通じ合わない、何度説明しても理解できない。理解されない。そのように、自分の鈍さや人の鈍さというものに、しばしば苛立ちを覚えることがあります。その鈍さは生まれつきだから仕方がないと開き直ってしまうこともあるでしょう。しかし、イエスに叱られてしまうほどの鈍さ、そのことには気づいていなければならない。その鈍さを、イエスが嘆いておられるということには、気づかなければならないのです。

イエスは弟子たちの鈍さを嘆きました。しかし、その鈍さを嘆かれるだけではなくて、イエスはその鈍さの克服のために、聖書の言葉を今一度、初めから丁寧に説き明かしてくれました。そしてイエスは、その聖書の言葉をまとめるかのように、二六節においてこう言うのです。「メシアはこういう苦しみを受けて、栄光に入るはずだったのではないか」。

一つの鍵は、この「苦難」という言葉です。メシア、キリスト、私たちの救い主、その救い主は、苦しみを通ってこそ栄光に至る。聖書にははっきりとそう書かれている。しかしそのことに、弟子たちは思いを至らせることができなかったのです。だから彼らは、苦しみを受け、弱々しい姿で死んでいかれたイエスの姿に意味を見いだすことができなかった。こうして彼らは途方にくれ、暗い顔をしていたのです。

イエスは、この根本的な彼らの鈍さを知っていたからこそ、今一度聖書を初めから説き明かしました。神が天地万物を造られて以来、そこに始まった人間の罪。聖書を読めば読むほど、神がいかにこの人間の罪を悲しみ憐れんで、この罪から人間を救うために努力してこられたのかということが分かるのです。そして、神の憐れみが示すそのすべての道の極みに、イエスの十字架があったのだということが分かるのです。しかし、そのイエスの十字架にぶつかったとき、弟子たちはそこに神の憐れみを見ないで絶望してしまった。だから、イエスは言われました。あなたがたは、私の苦しみの意味を何も分かっていない。私が、なぜ十字架について死ななければならなかったのかということが分かっていない。あの苦難と死の意味が分かってこそ、そこから突き抜けて見えてくるものがあるのだ。十字架を回避して、キリストの復活だけを信じることはできない。イエスはそのようなことを言われ、イエスの復活を信じられないのは、根本的な問題として、イエスが背負った苦難と十字架の死に対する理解が鈍いからだと語られたのです。

イエスのこの真剣な言葉に、私たちは何を思うでしょうか。目の前にイエスがいても気づかないこの弟子たちの鈍さを、指を指して笑うでしょうか。いや、その鈍い弟子たちの姿こそ、私たちの姿であるのです。私たちは、確かに苦難や絶望ということを恐れ、一度その闇の中に引きずられてしまえば、もうそこから這い上がることなどできないと思い込んでいる一人ひとりなのです。こんなひどい人生を歩んでいるのは私だけだ。こんな失敗ばかりを繰り返し、人を傷つけ、自分も傷ついて泣いてばかりいるのは私だけだ。私はなんて孤独なのだろうか。闇は闇でしかない。この暗い現実に光なんか差し込むはずはない。ときにそのように思い詰めてしまう私たちはまさに、キリストの復活を知らされてもなお、闇の世界に打ち負かされ、途方にくれ、暗い顔をしている弟子たちの中の一人なのです。

では、どうしたらいいのでしょうか。ここで決定的に大切なこと、私たちが気づくべきことは、私たちにとってはもはや、イエスの十字架の意味も復活の意味も分かりそうもないと思われるそのところで、それでもイエスご自身が、なお私たちと共に歩き続けてくださっているということです。物分かりが悪く、鈍い二人の弟子にしてくださったように、私たちにもまた、イエスは共に寄り添い、一緒に歩み、そこで日々聖書の言葉を語り、それを説き明かし続けてくださっている。そのことに気づくこと。そのことを信じること。その信仰をイエスは求めておられるのです。この信仰によってこそ、十字架と復活の意味は初めて私たちの日常に輝いてくる。今日の聖書はそのようなことを、私たちに伝えているのです。

エルサレムから、エマオへの道、その道のりは六〇スタディオンであったと記されています。一スタディオンがおよそ一八五メートルということですから、およそ一一キロメートル以上の道のりにおいて、イエスは聖書を説き明かされたのです。イエスの御言葉を聞きながら、人生の旅路を歩む。なんと素晴らしいことかと思わされます。

希望を失っていた二人の弟子。彼らは暗い顔をしてエマオへの道を歩んでいました。これからどうやって生きていったらいいのか。そこには何の希望もなかった。しかし、その重たい歩みの傍らに、闇に打ち勝ち復活したイエスが加わってくださった。そして、聖書を説き、これを神の言葉として今一度聞き直すようにしてくださった。後になって、弟子たちはこう言ったと記されています。「道で話しておられるとき、また聖書を説明してくださったとき、わたしたちの心は燃えていたではないか」。この燃え方は、不思議な燃え方でした。そのときには気づかない。後で振り返って、「ああ、あのとき、そう言えば燃えていたなあ」というのです。燃えているとき、そのほてりを、その場ですぐに感じ取れるほどに熱くはなかったのです。じっくりと、しかし、確かに火は起こり始めていた。種火と言えるような小さな灯火だったかもしれません。しかし、その気づきもしなかったような小さな灯火が、後に燃え広がり、ようやく彼らの目を開いたのです。

イエス・キリストという方は、実にかげの薄い人だと思います。今、私たちはイエス・キリストの話をしています。しかし、そこにイエスの姿は見えません。イエスの声も聞こえません。私たちはまるで、イエスがいないかのように、ここでイエスの話をしています。しかし、実はイエスは今、ここにいるのです。かげが薄いから、私たちが気づかないだけ。復活したイエスは、今ここにいて、また今日から私たちと共に一週の旅路を歩いて、聖書を説き明かしてくださるのです。今日この礼拝において聞いた御言葉が、今でなくとも、やがて私たちの心に燃え上がる時が来るように。イエスはそう願いながら、今日も私たちと共に歩み続け、私たちの気づきと信仰を求めて、御言葉を語り続けてくださるのです。

私たちは、苦難多き人生の中で、相変わらず立ちすくんでしまいます。うずくまることもあります。もう立ち続けることはできないと思うこともあります。しかし、イエスはそんな私たちと一緒に歩いてくださる。私たちがうずくまるときには一緒にかがんでくださり、また立たせてくださる。そして歩かせてくださる。最も深い苦しみを経験し、最も深い闇から復活をされたイエスが、私たちの苦しみを担い、共に歩き、私たちにもその希望の光を照らしてくださるのです。その光があるから、私たちはどんなに深い闇が目の前にあろうとも、希望を失うことはないのです。そのことに気づかされるとき、私たちはそこで本当の意味で復活のイエスに出会うのです。

（二〇一二年四月一五日、霊南坂教会夕礼拝説教）

そんなの関係ねぇ

ヨハネによる福音書二一章一五―二五節

数年前にブレイクしたお笑い芸人に、小島よしおという人がいます。彼は、ピチピチの水着一枚という下品な衣装を着て、「そんなの関係ねぇ。はいオッパッピー」という意味不明な言葉を語り、しかしなぜだか売れに売れて一躍ブレイクをした芸人でありました。

子どもというのはふざけたこと、下品なことが大好きです。「あんたちょっと、みっともないからやめなさい」。親たちがそう言いたくなることを、子どもたちはむしろ積極的に好みます。だから、小島よしおの下品なギャグは、そうした子どもたちの心をがっちりとつかんだのです。親たちの願いに反して子どもたちがこぞって小島よしおの真似をする。それは一種の社会現象のような光景でありました。

「そんなの関係ねぇ」。他を突き放すようなこの言葉は、決して良い言葉とは言えません。しかし、ある日のテレビ番組を通して、この言葉も使い方によっては実に意味深い言葉になるのだということに気づかされました。そのテレビには、小島よしおが子どもの悩みを聞くというコーナーがあったのです。ある子どもが、「自分は他のお友達に比べて劣っている気がする。だから自分に自信がない」と語りました。すると、小島よしおは「そんなの関係ねぇ」と切り出し、「もっと自分の良いところを見つけてみよう。他の人のことなんか関係ない」と言ったのです。「そんなの関係ねぇ」という言葉は、うつむく人の顔を上げ、人をさまざまな捕らわれから解放する、実に力強い言葉にもなるのです。

今日私たちに与えられた聖書には、復活のイエスからこの言葉を受けた一人の弟子の姿が描かれていました。彼の名はペトロ。イエスが十字架の苦しみを受けているときに、イエスのことを三度「知らない」と言った人でありました。ところが、今日の聖書ではそのペトロの三度の裏切りに被せるように、イエスが三度ペトロに「わたしを愛しているか」と尋ねるのです。それは、ペトロが三度イエスを知らないと言ってイエスを裏切ってしまったことに対する、イエスの愛に満ちた招きと赦しの言葉でありました。

三度の罪に、三度の愛で応えるイエス。ペトロはイエスの三度目の語りかけを聞いたとき、「悲しくなった」と聖書に記されています。おそらく、ペトロはここで自らがしてしまったことを想い起こし、そのことが心に深く突き刺さったのでしょう。しかし、ペトロはそこで悲しみながらも、深く悔い改める思いを持ってこの言葉を受け止めることができました。そして、イエスの深い愛に気づかされ、先立つイエスのこの恵みに、自らをすべて委ねようと決意をするのです。

ペトロは「わたしがあなたを愛していることを、あなたはよく知っておられます」と答えます。言い換えれば、「あなたの先立つ愛があるから、わたしはあなたを愛せるのだ」ということを告白しているのです。「こんなにも罪深いわたしを、あなたは愛してくださる。そのことによってわたしは真実の愛を知り、あなたに赦された者として生きることができる。それは何よりも、あなたがご存じのことです」。ペトロはそのようにして、すべてにおいて先立たれるイエス・キリストの愛と恵みをここで告白したのです。

しかし、ペトロのこの告白、イエスの愛に結ばれ、イエスと共に生きていくことを決意した新しい歩みというのは、決して優しい歩みではないことが、イエスによってこの後直ちに告げられます。キリストに従う生き方というのは、自分の欲望に任せて自由を謳歌できるような生き方ではなく、ときに自分の意に反して生きなければならない厳しい歩みであるのです。

ここには、ペトロがやがてキリストのために殉教していく運命にあるのだということが暗示されているわけでありますが、広い意味では、罪深い人間がその罪と闘っていくためには、あらゆる過酷なハードルを乗り越えていかなければならないのだということを意味しています。

私たちの教会でも、しばしばこんな声を聞きます。「聖書に出合って、イエスを信じて、私は自分の罪深さを知らされ、より悩みやすくなった。聖書を知らず、イエスのことも知らなければ、罪も知らず、もっと楽に好き勝手に生きることができたかもしれない」。確かに、そういう側面もあるかもしれません。自分の力を信じ、自分の力で何もかもできると思い込み、自分の理想を追い求めて生きることが人生で一番大切なことだと思ってしまう。そのような人にとって、自分の罪を知らされ、自分の無力さを告げる聖書の言葉は、受け入れ難い躓きの言葉となるに違いありません。

しかし、私たちはそこで立ち止まらなければなりません。聖書は、そういう人間の自己中心的な思いの中にこそ、罪があることを語っているのです。人間は、もともと罪の中に生き、罪の虜《とりこ》になり、そこで偽りの自由を追い求める存在として生きている。だから、何も考えず、自分の欲望のままに生きることほど楽なことはないのです。しかし、聖書はそこから脱却することを求めている。そこから脱却するために、イエスにつながり、イエスの十字架と復活にあずかり、自らの欲望から離れて、罪から解き放たれた生き方を選ぶようにと招くのです。それは、私たちの生まれ持った生き方を転換する歩みですから、私たちの思いとは異なる生き方かもしれません。しかしそこにこそ、罪に縛られない真実の自由があるのです。だから私たちは、その真実な自由を手にするために、あえて過酷にも見える道を進むのです。これがいわゆる信仰の闘いと言われるものでしょう。罪の道ではなく、神の真実な道を歩む。そのためには、自己の中にある罪と、誘惑と、欲望と絶えず闘いながら、先立って歩んでくださるイエスを信じ、その後に従っていくことが求められるのです。

思えば、旧約聖書に登場する預言者たちも、神に従う道を歩むということにおいて、いつも自己の思いと闘っていました。彼らは、神からの召命を受けたとき、それに対してためらい、抵抗しつつ、しかし結果としては導かれて、預言者としての使命を果たしていったのです。それは決して彼らが、自分の自由意志でやりたいことをやったということではなかったのです。

そこにはいつも神の支えがありました。だから彼らはその務めを担うことができ、神に従う歩みを進めることができたのです。神は何も、過酷な信仰の闘いを私たちの力で闘い抜きなさいなどと、無謀な課題を課しているのではありません。いつもそこには、神の力が与えられている。神の愛が与えられている。だから彼らは、そして私たちは過酷とも思える真理の道を、なお希望をもって歩んでいけるのです。

ところが、私たちにはもう一つ越えなければならないハードルがあります。それは、他者の信仰と自分の信仰を比較してしまうということです。神が私に向かって愛を注いでくださり、また、その先行する恵みの中で、「わたしを愛しているか」と問いかけてくださっているにもかかわらず、私たちは、その神の呼びかけにまっすぐに応えようとせず、あちらへこちらへとよそ見をしてしまうのです。神はまっすぐに私に向かってくる。しかし私たちの心は神に対してまっすぐではない。いつも寄り道をし、いろいろなことに目を奪われて、神のまっすぐな語りかけに素直に応えることができない私たち。あの人は私よりも信仰深い。あの人は私よりも幸せそうだ。きっと、私以上に神の愛を受けているのだろう。神はなぜ不平等なのだ。私たちはときに、そのようなことを思ってしまうのです。また、自分の信仰を正当化して、あの人の信仰は間違っていると、他者を非難してしまうこともあるかもしれません。

イエスに「わたしに従いなさい」と言われ、その招きに応えて歩み始めたペトロも、この他者と自分と神、またイエスという関係において一つの躓きを覚えたのです。二〇節以下の記述によれば、ペトロはイエスの愛した弟子を見て「主よ、この人はどうなるのでしょうか」と言ったそうです。このイエスの愛しておられた弟子というのは、おそらくヨハネであっただろうと言われます。ペトロは、ヨハネが自分以上にイエスに愛されているのではないかと思い、このような質問をしたのかもしれません。「イエスよ、私はあなたに従います。でも、あなたは私以上にヨハネのことを愛しているように思われる。このヨハネはいったいどうなるのか」。そう言うかのように、他者の信仰の歩みが気になってしまったのです。

しかしイエスは言います。「わたしの来るときまで彼が生きていることを、わたしが望んだとしても、あなたに何の関係があるか。あなたは、わたしに従いなさい」。出ました！「そんなの関係ねぇ」。イエスは、ペトロが自分のことばかりでなく、他者の信仰にまで口を挟んだことに対して、「あなたに何の関係があるのか」と言い、ペトロの見つめるべき道を示されたのです。

私たちの信仰の歩みとは、キリストの体を形作る信仰共同体の歩みであり、その意味で私たちは他者と無関係ではありません。むしろ、隣人愛の教えがあるように、私たちは他者に目を注ぎ、祈り合いながら、共に神の御心を求めて歩むことを示されている一人ひとりです。しかし一方で、信仰とは、私と神、私とイエスとの間にあるものです。イエスがここで言おうとしていることは、「あなたは私に従いなさい」ということであり、他の人とイエスとの関わりや信仰をとやかく言うのではなく、あなたはとにかく私に従うのだ。私があなたに求めている歩み、私があなたに注いでいる愛、まずそれだけを見つめ、信じ、私について来なさい、ということであったのです。

信仰共同体というのはこのように、各々が神と結ばれ、その個人的なさまざまな信仰が、互いに理解され、受け入れられ、結び合わされていくところに起こります。あの人と私の信仰は違う。あの人と私と神の関係は違う。そのようなことを気にする必要はない。むしろ、その違いがあっていいのです。その違いを、多様な信仰のあり方を、不安や嫉妬、妬みではなく、喜びをもって受け入れ合う。そのことこそが、神の豊かさを象徴する信仰共同体のあるべき姿なのです。

私たち一人ひとりには、それぞれに与えられた信仰の道があります。一〇〇人いれば一〇〇通りの神との出会いがあり、イエスとの交わりがあり、示される信仰の道があるのです。教会にはさまざまな人がいます。けれどもそこで躓いてはならない。私たちはそこで、私の信仰だけがすべてではないということを覚え、あの人にはあの人の信仰の道が与えられているのだということを思うべきなのです。私とあの人との間には、いろいろと違いがあるけれども、あの人もキリストにつながっている。そう信じ、互いに認め合いつつ、教会に集うさまざまな人と共に生きることを目指していく。それが、イエスの招きに応える生き方であり、イエスの愛に突き動かされた新しい生き方なのです。このことを覚えながら、キリストが愛し、この教会に招かれた一人ひとりと共に、キリストの体なる教会を築き上げていこうではありませんか。

（二〇一二年四月二九日、霊南坂教会夕礼拝説教）

世界仰天

コリントの信徒への手紙二、一章三―一一節
詩編三〇編二―一三節

牧師が着用するガウンやストールというのは、牧師の権威を見せつけるためのものではありません。そこにはしっかりと意味が込められているのです。とりわけストールについて言えば、これはギリシア語のスタウロスという言葉に由来しており、それは十字架を意味する言葉であるのです。牧師はこのストールを身にまとうごとに、キリストが背負われた十字架を想い起こし、その重みを身に受けながら御言葉を取り継ぐのです。ストールは一見美しく、また軽そうに見えるのですが、本当はだれも触れたくないような苦難と痛みに満ちたとても重たいものを象徴しています。しかし、その苦難や痛みをキリストが共に担い、解き放ってくださった。そのことによって、苦難や痛みが喜びと感謝に変わるのです。本来は美しくないものが、こうして美しく見えてくる。痛みに満ちた十字架を意味しながら美しく飾られているこのストール。それはまさに、信

仰が示す十字架の意味を豊かに表現しているものであるのです。

初代教会の指導者パウロもまた、このストールを身にまとうように、キリストの十字架を共に担い、苦難の先に必ずキリストによる慰めがあることを信じて、世に御言葉を語った人でありました。パウロは信仰のゆえに、生きる希望が失われ、死の宣告を受けたかのような苦難を経験してきたと証ししています。それでもパウロはその十字架を背負うことを厭わなかった。いかなる苦難があろうとも、そこに希望を持って、キリストが示す道を歩み続けていったのです。

パウロのこの信仰を理解する上で大変重要な鍵が、五節に記されています。パウロはこう言うのです。「キリストの苦しみが満ちあふれてわたしたちにも及んでいるのと同じように、わたしたちの受ける慰めもキリストによって満ちあふれている」。ここで重要なのは、パウロが直面している苦しみのすべてが、キリストが経験された苦しみと深く関わっているということです。キリストと無関係な苦しみなど一つもない。私たちが直面するすべての苦しみは、キリストが先立って負ってくださっている苦しみであり、今まさにキリストが共に負ってくださっている苦しみなのだと、パウロは理解しているのです。

そしてまた、共に苦しみを担ってくださるキリストは、死という最も深い闇を超えて復活なされたのであるから、苦しみだけではなく、キリストが経験されたその復活の希望も、そこからあふれ出して、私たちのもとに及んでくるのだとパウロは言うのです。このことを信じるからこそ、パウロはどんな苦難にも希望をもって立ち向かうことができた。この信仰が、今日の聖書を理解する上でとても重要な鍵となります。

これは遠い外国の話ではありません。日本においてもこのような信仰に生きた人々がいたことを私たちは知っています。一五九六年、伴天連《バテレン》追放令からおよそ一〇年が経とうという頃、豊臣秀吉の命令によって大規模なキリシタンの迫害が行われました。長崎で処刑され、後にバチカンにより聖人とされた二六人の信仰者たち、いわゆる日本二六聖人と呼ばれる彼らは、そのときに捕らえられました。長崎で殉教したために、この二六人は長崎のキリシタンであると思われがちですが、実は彼らは京都や大阪で信仰生活を送っていたキリシタンでありました。彼らは京都や大阪で捕らえられた後、それぞれ縛られ荷車に乗せられて、長崎までのおよそ九〇〇キロメートルの旅路において、見せしめのために町中を引き回されたのです。

二六人は口々にこう言ったそうです。「私たちは喜びでいっぱいです。それは、神様への信仰と愛のために縄で縛られ、辱めを受けるために選ばれたからです」。最年少一二歳のルドビコ茨城少年は、「キリスト教を棄てれば助けてやる」と処刑執行人に声をかけられましたが、それでも「この世の短い命と永遠の命を取り替えるわけにはいきません」ときっぱりと断ったと言います。この言葉が一二歳の少年の口から発せられたとは大きな驚きです。死を前にする恐怖の中にあっても、彼らの信仰は決して揺るがなかった。どんなときにも慰め主なるキリストを信じ、希望を持って生き抜いた信仰者の姿がここにあるのです。

彼らの信仰は、まさにパウロと重なるところがあるでしょう。死を宣告された歩み、死へ向かう苦難と痛みに満ちた歩み。しかし彼らは、決してそこから逃げないのです。私たちはよく苦難に直面すると、神は今どこで何をしているのかと嘆きます。苦難の中で神の不在を見るのです。しかし、パウロも二六聖人と呼ばれるようになった人々も、苦難の中にこそ神を見たのです。いかなる苦難の中にもキリストが共にあり、神が共にあって慰めを与え、永遠に生き続けることができる希望を与えてくださっているということ。自分たちが耐えられないほどの苦難に直面しているとき、そこでキリストが共に十字架を背負い、痛みを背負ってくださっていること。その事実ゆえに、彼らは死を宣告されるほどの絶望を経験しようとも、そこに喜びと感謝の思いを芽生えさせることができたのです。

パウロは、この信仰による生き方、信仰による喜びと希望が、自分自身だけでなく、自分と関わりのあるすべての人々、とりわけ信仰共同体の中で波紋のように広がっていくのだと語っています。信仰共同体というものは、キリストがそうしてくださっているように、ある者の苦しみを皆で共に担い、そしてある者の受けた慰めや喜びを、皆で共に分かち合うものであるのです。パウロはこの信仰、この教会観に立つからこそ言うのです。「私の受けた苦しみはあなたがたの慰めと救いになる。私が慰められるとき、それはあなたがたの慰めになり、あなたがたはそれによって私たちと同じ苦しみに耐えることができるようになる」と。

今年の八月に、わが家の次男がRSウイルス感染症という病にかかり、一〇日間ほど入院をしました。三九度近い熱が連日続き、笑顔一つ見せません。子どもが入院するということはわが家にとって初めての経験でしたので、妻と二人とても不安な日々を過ごしました。しかし、そのような私たちを慰め、励ましてくださったのは、何よりもここにいる皆さんお一人おひとりでした。ある人は「私の息子もその病にかかりました」、またある人は「私の孫もその病にかかりました」と言ってご自身も同じ経験をされたこと、私たち夫婦と同じ不安な日々を過ごされたことを語ってくださいました。経験者による共感。それは、私たち夫婦を何よりも勇気づけ、励ましてくれました。私たちは皆、自らの苦難の経験を通して人を励ますことができる。人を慰めることができる。人に希望を与えることができる。そのことを強く感じた出来事でありました。

パウロが今日の聖書箇所で語っているのも、それと同じようなことではないでしょうか。パウロの確固たる信仰が、同じ信仰に生きる共同体の一人ひとりを慰め励ますのです。パウロ個人の経験や喜びが、信仰共同体全体の経験や喜びとなるのです。もちろんその逆もあります。信仰共同体の経験がパウロの経験となり、信仰共同体の喜びがパウロの喜びとなって、パウロの宣教活動を一層力づけたのです。普段は異なる場所で生活をし、世にあって異なる経験をする者たちが、共に集い、共に教会家族として生きる。そのことの大きな意味がここに示されています。私たちは教会に集い、語り合い、祈り合い、励まし合います。そのことによって信仰共同体をあげて苦難を担い、喜びを共にするのです。大切なことは、その喜びや慰めの源にキリストを通して、いつも神が働いてくださっているということです。私たち一人ひとりを通して、神が働いている。私たち一人ひとりの連帯の中で、神の慰めが教会に満ちてくるのです。そして、その教会の業を通して、私たちは世に神の栄光を顕すのです。

苦難の先に希望を抱き、痛みの先に喜びを見る人々の信仰は、信仰共同体だけにとどまらず、世に対して大きな力を持っています。イエスが十字架につけられたとき、百人隊長をはじめそこに居合わせた人々は「本当にこの人は、神の子だった」と言いました。また、先ほどのキリシタンの信仰に対しても、多くの人々が「いったいこの人たちは何者なのか。なぜこれほどの苦しみを受けても信仰を捨てないのか」と仰天したと言われます。中には、その信仰に衝撃を受け、後に迫害者からキリスト者になった人々もいたと言われます。

キリストが背負われた十字架。その十字架に従い、いかなる苦難にも希望を持って歩みゆくキリスト者たちの姿。それは、信仰者の群れだけでなく、この世に対して、この世界に対して大きな驚きを与えるのです。世界中の人々がその信仰を見て、その信仰に触れて仰天する。「なんだこれは」と驚きを覚える。「仰天」とは、天を仰ぐと書くではありませんか。驚きは、やがて人々の心を捕らえ、人々の心を天に向けさせ、天を仰がせ、そこにまた新たな信仰を芽生えさせるのです。そのような連鎖を呼び起こしていくことこそが、世に対する教会の使命であると言えるでしょう。

この後歌います『讃美歌21』四八三番三節には、大変印象深い詩が歌われています。「きたれ、きたれ、苦しみ、うきなやみもいとわじ」。作詞者はエリザベス・プレンティスというアメリカ人女性です。彼女は三〇代後半のときに心身に大きな苦しみを得て、祈りつつ、この言葉を書き記したと言われます。正直に申し上げますが、私はかつてこの賛美歌に出合ったとき、実におかしな賛美歌だと思いました。「きたれ、きたれ、苦しみ、うきなやみもいとわじ」、そう口先で歌いながら、心の中ではこう歌っていたのです。「来るな、来るな、苦しみ、うきなやみはいとうよ」。苦しみなんて、うきなやみなんてないほうがいい。この賛美歌はおかしい。そう思っていたのです。しかし、今日の聖書に記されたパウロの信仰を通して、また苦難の中に喜びを覚え、人々を仰天させたキリシタンたちの信仰を通して、また、苦難の中で祈りつつこの詩を書いたというこの女性のエピソードを通して、私はこの賛美歌の力強さと奥深さ、そして美しさを改めて思い知らされました。

キリストの愛と恵みは、私たちの苦難の中にこそ輝きます。私たちが苦難のただ中にいるときにこそ、キリストは共に十字架を背負い、復活の希望へと私たちを誘ってくださるのです。その確信、希望、その信仰に立つからこそ、私たちは世界をあっと驚かすかのような信仰を世に告白することができる。「きたれ、きたれ、苦しみ」。私たちの苦しみはキリストが担ってくださっている。そしてまた、ここに集う神の民、教会家族の一人ひとりが共に担ってくださっている。そして必ず、そこには慰めと励ましが与えられる。私たちはこの希望を信じて、世界を仰天させるような信仰に生きていきたいのです。一月六日の公現日まで、クリスマスの時は続きます。私たちのためにイエス・キリストが与えられた。その意味を今日改めて覚えつつ、新しい年へと共に歩みを進めたいと思います。

（二〇一二年一二月三〇日、霊南坂教会朝礼拝説教）

負けられない戦いが、そこにはある

マタイによる福音書四章一―一一節
申命記三〇章一五―二〇節

サッカー日本代表の試合が放送されるとき、某テレビ局では決まって一つのスローガンが掲げられます。それは、「絶対に負けられない戦いが、そこにはある」というものです。サッカーファンである私はいつもこの言葉を聞くたびに心を燃やします。そして気がつけば、この言葉が不思議とサッカー観戦だけでなく、私生活の中でも響き続けていることを経験するのです。わがままな息子を前に苛立ちを抑え、忍耐して向き合おうとするときにこの言葉が響く。夜中に間食をしたくなって、それを我慢するときにこの言葉が響く。御言葉に触れ、しかし御言葉に反して自らの思いのままに生きたいと思ってしまうときにこの言葉が響く。そして私は気づくのです。「絶対に負けられない戦い」。その戦いとは実はいつも、内なる私自身との戦いであるのだということを。

イエスがその公生涯を始めるにあたって最初に直面したことも、まさに自分自身との戦いでありました。この箇所はサタンとイエスとの戦いとして知られているところでありますが、それは決して外的な戦いというだけでなく、究極的には内的な、自分自身の内に潜むサタンとの戦いであったのです。

荒れ野に行ってイエスが最初にしたことは、断食でありました。四〇日間昼も夜も断食し、自らの肉体を空腹にさせられた。イエス・キリストというお方は、神の全権を委ねられた神の子でありながら、私たちの生きる世界に降り、人となられた方でありました。イエスはここで、まさに人としての苦しみに自らの身を置いたのです。神の子でありながら、その使命に生きるために、イエスは人としての苦しみを経験された。そのことを通して人の苦しみに触れ、すべての人の苦しみに共感し、それを背負って生きていくための第一歩をここで歩み始められたのです。

イエスが経験した飢え、渇き。それは人間の理性を崩壊させます。極度の空腹は人の判断能力を奪うのです。イエスはそのような状態に自らの身を置いた。そこで遂にサタンが現れるのです。「これらの石がパンになるように命じたらどうだ」。サタンは、人間の欲望が何を求めているのかよく知っているのです。

この後もサタンの誘惑は続きます。いろいろな語り口ではありますが、結局のところ、この誘惑の言葉はすべて八節のところに集約されていると思います。「もし、ひれ伏してわたしを拝むなら、これをみんな与えよう」。サタンは世の繁栄ぶりを見せて、イエスにこう言ったのです。極限の飢えを、極限の貧しさを経験しているイエスに世の繁栄を見せる。そして、それをすべて与えようと言う。つまり、この世界をすべて自分の欲望のままに、思いのままに支配できるようになること。それが荒れ野に響く誘惑の言葉のすべてであったのです。

イエスはここで、一つの決断を迫られたのです。その生涯を本当に神の子として生きるのか。その決断を迫られたのです。神の子として生きる生涯。それは、自らが神であることを一度放棄する生き方でした。自分の思い通りになる世界を放棄して、自分のためではない、人間のために、私たちの罪のために自らの命をささげる生涯。十字架の死へと歩み行く生涯。その決断を、イエスはここで迫られたのです。サタンの誘惑がどれほど重たいものであったか。その重さはまさにイエスが背負う十字架の重さであったのです。

しかし、ここにはイエスの絶対に負けられない戦いがあった。神の子としての使命を捨て、自分のために生きることを誘惑されたイエス。しかし、イエスはここで、絶対に負けるわけにはいかなかった。自らの飢えを感じても、自らの欲望を感じても、そこで絶対に自分自身に負けるわけにはいかなかった。なぜか。私たちを救い出すために、イエスは自らの思い、その欲望を退け、その命を自らのためでなく、私たちのためにささげる決意をしたのです。

「退け、サタン」。この言葉を聞いて、すぐに思い出すことがあります。この後、イエスの弟子であるペトロがイエスに対する信仰を告白します。「あなたはメシア、キリストです」。そう告白するペトロ。しかし彼はその直後に、イエスが殺されてしまうということを聞いて、イエスの裾を引っ張るように言ったのです。「そんなことがあってはなりません」。そこでイエスは言われた。「サタン、引き下がれ。あなたはわたしの邪魔をする者。神のことを思わず、人間のことを思っている」。聖書が示すサタンの姿。それは、イエス・キリストの使命、神の御心に反して、人間の思い、自己の思いを語るところに現れます。

私たちもこう思うことがあるでしょう。「神様、そんなことがあってはなりません」「神様、あなたならできるはずです」「神様、なぜ私の願いを聞いてくださらないのですか」。そのように私の思いを、私の願いを神にぶつけることがあるのです。目の前の現実に神の御心を尋ね求めるのではなく、私の思いをぶつけていく。そして、そこで思う。なぜ私の思い通りにならないのか。なぜこの世界は私の思いから離れているのか。神はどこで何をしておられるのか。そう思うのです。その思いに捕らわれるとき、イエスは私たちにもこう言うでしょう。「サタン、引き下がれ」。大変ショックな言葉です。大変厳しい言葉です。しかし、イエスはそう言うでしょう。信頼する一番弟子ペトロにさえそう言ったのですから。

サタンは、私たちの内に潜んでいるのです。神の御心を思わず、私たちの肉なる欲望、私たちの自己中心的な思いに捕らわれてしまう生き方。そこにサタンが現れるのです。

『水牛の神学』で著名な神学者小山晃佑は、「神学と暴力」をテーマにした講演の中で次のように言いました。みだりに神の名を唱えることは暴力発生と直結します。自分たちの思いを正統化させるために神の名を唱えることになるからです。戦争で自分たちの兵士の無事を祈る。しかし、その裏で兵士たちに殺される人々がいる。殺される側の人々だって祈ります。自分たちを守ってくださいと。攻撃する側とされる側に祈られた神はどうなってしまうのでしょうか。ここには、神の御心を聞こうとせず、暴力さえ戦争さえも正当化しようとする人間の罪の姿が見えてくるのです、と（『キリストの平和Ⅱ――平和講演集』日本基督教団東京教区西南支区常任委員会社会担当発行、二〇一一年、八一頁）。

イエスは「人はパンだけで生きるのではない」と言われました。それは、人間が肉体の飢えに象徴される欲望ばかりを満たそうとすれば、そこに他者を蹴落としてでも自らの飢えを満たそうとする人間の罪が現れ、暴力が生まれ、平和な世界は訪れないからだと思います。ここにいる全員が、自分の飢えを満たそうとその思いをぶつけ合ったらどうなりますか。あなたは間違っている。私が正しいのだ。そう自己の思いをぶつけ合ったらどうなりますか。パンだけを求めるということ。飢えのように自然に膨れ上がってくる自己の欲求ばかりを満たそうとすること、そこに平和はないのです。肉体的暴力だけではない。言葉の暴力や精神的な暴力もあるでしょう。神も人もすべてを自分の思い通りにしたい。そのような考えの先にあるものは、人を傷つける暴力なのです。だから、イエスは言いました。「人はパンだけで生きるものではない。神の口から出る一つ一つの言葉で生きるのだ」と。

神の口から出る言葉は、イエス・キリストが生涯を通して示された、愛と平和のある道へと私たちを導きます。私たちが自らの思いに捕らわれるとき、神は聖書を通して、御心に適う道を生きたイエスの足跡を指し示してくれる。どこに神の御心があるのかを指し示してくれる。だから私たちには、神の口から出る一つひとつの言葉が必要なのです。

しかし、それでもやっぱり私たちは、自分の思いに捕らわれます。お腹がすけばすぐにパンを求めてしまう。湧き上がる欲望を完全に断つことはできないのです。イエスもそのことを知っておられました。だからイエスは、決して私たちに「パンを食べるな」とは言わないのです。むしろイエスは私たちが祈るべき祈りとして、「日用の糧を今日も与え給え」と祈ることを教えてくれました。イエスは私たちの飢えを知ってくださり、その飢えを満たすためにも一緒に食べ、一緒に飲んでくださるのです。しかし、私たちはまさにこのパンのことで罪を犯します。ちょっと欲望が満たされると、止まらなくなる。最初はイエスが一緒にいてくださることに喜ぶ。しかしだんだんとそのことを忘れ、その恵みを忘れ、自分一人でパンをむさぼるようになっていく。神への感謝を忘れ、周りが見えなくなり、自らの思いを満たすことだけを追い求めるようになってしまう。だから、イエスは十字架についてくださったのです。どれだけ注意しても、頑張っても罪から抜け出せない私たち。だから、イエスは、その罪に触れ、その飢えに触れ、一緒にパンを食べ、一緒にその苦しみを経験して、そこから私たちを解き放つために十字架にかかり、すべてを赦してくださる道を切り開かれたのです。

その愛を私たちに注いでくださるために、イエスは戦われた。荒れ野で、自分自身に打ち勝ち、自らのためではなく、私たちのためにその生涯をささげてくださる決意をここでなさったのです。私たちのために、イエスはここで絶対に負けるわけにはいかなかった。なんと深い恵みでしょうか。この戦いを見て、私たちは感動せずにはいられないでしょう。この戦いを見て、私たちもまた心を動かされるでしょう。

イエスが私たちのために、絶対に負けられない戦いを制してくださった。私たちもまた、その恵みに応えて、少しでもこの十字架の重さに触れるものになりたいと思うのです。私たちの内に潜むサタンと、私たちも戦い続けていきたい。自分の思いに捕らわれ、神の御心を尋ね求めることができなくなったとき、神の御心を受け入れる勇気がもてなくなったとき、私たちは立ち止まり、すでにサタンに打ち勝ってくださったイエスが共にいてくださることを信じて、共にその誘惑に立ち向かっていきたいと思うのです。

先週の水曜日からレント、受難節の歩みが始まっています。これから私たちはおよそ四〇日にわたって、イエス・キリストの受難を覚える時を過ごします。レントは古くから、悔い改めの時として、自らの歩みを振り返り、その深い罪と、救いの十字架に思いを巡らせる時でありました。かつては断食をする人も多くいたと言われます。断食をして、自らの内に沸き起こる欲望と向き合い、キリストの助け、十字架の恵みを切に切に願ったのです。私たちも今一度、このレントの時に、日々の誘惑の中で、罪の虜になってしまう私自身を振り返り、そこで私たちの罪と戦い、私たちのために、絶対に負けられない戦いを戦い抜かれ、十字架を背負ってくださったキリストを心から求める時を過ごしたいと思います。なんと罪深い私たち。なんと恵み深いキリスト。そのことに気づかされ、感謝の思いを強くする。切に切にキリストの十字架を求める。そしてキリストと共に、私たちもまた絶対に負けられない戦いに挑み、それに勝ち抜いていく。レントのこの時、そのような歩みを共に目指していきたいと思います。

（二〇一三年二月一七日、霊南坂教会朝礼拝説教）

来る、きっと来る

ペトロの手紙二、一章一六—一九節

東日本大震災から明日で二年を迎えます。あの日から、私たちの生きる世界は変わりました。当たり前のことが当たり前でなくなり、安全だと言われていたものが、醜い神話にすぎなかったことが明らかになった。私たちは、大きな驚きと、不安と、痛みを抱えながら、この二年の時を過ごしてきたのです。しかし私は今、なお被災地にあって困難な日々を過ごしている人々と、そこから少し離れたところに生きる私たちとの間に大きなギャップを感じています。

あの震災の直後、この東京も大きな混乱の中に置かれました。家が崩れ、交通が乱れ、店からは食料がなくなってしまった。命を失った人も、大きな怪我をした人もいました。原発の事故直後は、マスクをつける人を多く見かけ、雨に濡れないように注意深くなる人もたくさんいました。あの日から少しの間、東京に生きる私たちもまた、被災者の一人として、震災の爪痕を確かに直視する者であったのです。それだけに、更に大きな被害を受けた関東、そして東北に生きる人々のことで、私たちは大きな痛みを覚えていました。

けれども今、私たちの生活は、ほぼもとどおりになっています。食料もあるし、放射能を気にして生きる人も少なくなった。実際には今もなおこの東京の地に放射能の影響があるのに、もはやそのことを気にする人はほとんどいない。慣れとは恐いものです。被災地に思いを巡らせることがあっても、私たち自身が被災者であったことはもう遠く過去のことにされている。そのような時を過ごしている私たちは、なお苦難のただ中にある人々と何か大きなギャップを抱えながら、今の時を生きているような気がするのです。

先日、あるニュースで、原発から二キロメートルほどのところにある、大熊町の人々のことが特集されていました。今この大熊町には、原発の中に溜まった汚染水を貯蔵する、中間貯蔵施設が建設されようとしています。しかし、この建設予定地には、今から二年前まで何事もなく過ごしていた人々の家や土地があるのです。国は、その人々の土地を買い上げて、事実上彼らが二度と故郷に戻れないようにすると言っています。苦肉の策であるとはいえ、あまりにもつらすぎる。ある人は、震災の四年前に家を購入し、たくさんの夢を持って生活していたと言います。今も諦めきれずに、時折、避難先の磐城市から自宅に戻り、限られた時間の中で必要な物を取り出したり、荒れ果てていく庭の掃除をしたりしています。私は、その人が語った一言を忘れることができません。「果たしてまたここに住むことはできるだろうか。無理だよな。ここに住めるようになる頃には、もう私は生きていないだろうな」。そう言って、この人は、まだ建てて間もないわが家を見つめたのです。この方はおそらく六〇代。かつてのチェルノブイリもそうであるように、原発事故の影響は、数十年で解決するものではありません。突然に故郷を奪われ、新しい家の借金だけが残り、希望も失い、落胆するしかない人々の姿。私たちは今この時を震災後と呼びますが、まだ被災地にあっては、震災のただ中を生きている人々がたくさんいるのだということを、深い痛みをもって思い知らされました。

震災後を生きている私たちと、未だ震災のただ中を生きている被災地の人々。そこにある大きなギャップはそう簡単に埋められるものではないでしょう。彼らの苦しみをすべて理解することなど、私たちにはできないのかもしれません。しかし、私たちはそのことをよく知りながらも、いや、そのギャップがあることを知るからこそ、すでに日常を取り戻しつつある者として、被災地の人々に連帯し、被災地に希望あるメッセージを届け続ける者でありたいと思うのです。

聖書の言葉は、巧みな作り話ではない。この手紙の著者であるペトロはそう力強く語ります。ペトロがこう語りかける背景には、当時の教会を取り巻く大きな問題がありました。教会内に、信仰者たちを惑わそうとする偽教師と呼ばれる人々が入り込んできていたのです。偽教師たちは、厳しい迫害下に置かれた教会の中で、信仰に堅く立ち、苦難を引き受けていく生き方よりも、みだらな楽しみに生きることを勧めた人々でありました。信仰者たちは、この偽教師たちの言葉によって、本当に大切なことは何であるのかを忘れ、聞くべき御言葉に耳を傾けられなくなっていたのです。

偽教師たちが示す生き方は、現実を直視しない生き方でありました。苦しみがあるたびに、そこから逃げる。それを避ける。そして欲望のままに、楽しみばかりを追い求めて生きていく。それが、偽教師たちが示す生き方であったのです。しかし、それは現実を直視しない生き方です。そこには、本当の喜びも、本当の自由も、本当の救いもありません。そこにあるのは、ただ恐れから逃げ回る、偽りの自分の姿です。だからペトロは、そのような誘惑の中に置かれた人々に言うのです。現実を見よ。現実は苦難にあふれているかもしれないが、その苦難の中にこそキリストが共にいるのだ。このキリストの希望は、作り話でも、気休めでもない。確かな希望であるのだとペトロは語ったのです。

なぜ、そんなことが言えるのか。ペトロは自分の目で、その確かな希望を見たからです。ペトロはキリストの威光を見た。これは、福音書に記された出来事でありますが、ペトロがイエスとある高い山にいたとき、そこでイエスの姿が変わり、イエスの姿が光り輝き、そして天からこのような声が聞こえたのです。「これはわたしの愛する子。わたしの心に適う者」。偽教師たちは、キリストに希望を置くことを否定しました。しかし、ペトロは確かに見て、そして聞いたのです。このキリストこそ、真に神の愛する独り子であり、神の御心に適う、唯一の希望であるのだということを。そしてこのキリストが放つ光は、その光を見る者すべてを包み込むのです。神の御心は、このキリストを通して、その光を、その栄光を世にもたらすことであったのです。

私たちが信じる神は、この世界を造られ、私たち一人ひとりの命を造られた方ではありませんか。その命を造られた方が、キリストを通して私たちに光をお与えくださるのです。なぜでしょう。それは、私たちが苦難の中で押し潰されそうになっているのを、神は決して放っておけないからです。子を愛してやまない親が、その子の苦しむ姿を見て放っておくでしょうか。そんなことはできません。神は私たちの産みの親であり、何よりも、私たちを愛してやまないお方であるのです。だからこそ、神は私たちに光をお与えくださる。

ペトロは、その経験をしました。その喜びと感動の経験を確かにしたのです。だから、厳しい迫害の中にあっても、その希望に立ち続けることができた。そして、偽預言者の影響を受け、その希望を見失いかけている人々に、このことを力強く語ったのです。神がその愛と恵みと憐れみのゆえに、光を届けてくださっているのに、なぜあなたがたはその光を見ようとしないのか。なぜその光を拒むのか。神がそこで、どれほど悲しまれていることか。ペトロの言葉には、そのような思いが込められているような気がします。

いったいなぜ、私たちはこれほど大きな神の愛に、なかなか気づくことができないのでしょうか。もしかしたら、私たちは、神のこの御業を受け入れること以前に、神の御心を追い求める以前に、私たちの思いに捕らわれてしまっているのかもしれません。苦難の中にいるとき、私たちはそこで直ちにその苦難から解放されたいと願います。今すぐに、今すぐに助けてください。その叫びは、私たちの本音の叫びです。神がキリストを通して光をもたらしてくださるというのならば、今すぐに、その光を私の内に輝かせてください。それが私たちの思いです。確かにそうなのです。しかし、実際にはなかなかそれが適わない。だから、私たちはそこで落胆し、神が自分のために何もしてくれていないのではないかという感覚を抱いてしまうのです。

しかし、今日の一九節には私たちが目を留めるべき、大変重要なことが書かれています。「夜が明け、明けの明星があなたがたの心の中に昇るときまで、暗い所に輝くともし火として、どうかこの預言の言葉に留意していてください」。私たちは、キリストの光を、暗い所に輝く希望のともし火として携えながら、夜が明け、明けの明星が私たちの心の中に昇るその時に至るまで、忍耐して待つようにと語りかけられているのです。今すぐに、今すぐに、私たちはそう願う。その願いが叶えられず、その光を手放してしまう。しかし、そうではなく、神が必ず明けの明星を与え、夜を明けさせてくださることを信じて、その時を神に委ねて、なおキリストの光を闇の中で燃やし続ける必要があるのです。

私たちが生きる日々は、なお夜明けを待つ時かもしれない。しかしその中にあっても、キリストの光を輝くともし火として燃やし続ける者になりたいと思うのです。なぜなら、その時にこそ、そこでキリストが、私たちの苦難に触れ、私たちの苦難と戦い、私たちの苦難を担って、闇の夜が明けるその時に向けて働いてくださるからです。そのしるしとして、キリストは私たちが負うべき十字架を背負い、私たちの背負うべき闇に、光をもたらしてくださったのです。私たちの思いではなく、神の御心にすべてを委ねていく歩み。その中でこそ、キリストのともし火は輝きを放ち、その輝きはやがて、私たちの闇をすべて解き放ってくださるのです。

「もう、私が生きているうちに故郷へ帰れることはないだろう」。悲しみのうちにそう語った被災者のことを思います。確かに、彼がその地に再び生きることは難しいかもしれない。しかし、神はその苦難の中にあって、確かに、その人の痛みに触れ、悲しみに触れ、なお現実は厳しくとも、故郷に帰るという願いが叶わなくとも、その暗い所の中で確かに、希望の光をともし続けてくださっているのです。彼がこれから与えられた命を生きるために、神は必ず、彼の人生の、明けの明星をもたらしてくださるはずです。それがどのような形でなされるのか。私たちには分かりません。しかしきっと、いや必ず、その光に照らされて、痛みが癒され、悲しみが慰められ、今を生きる力を与えられる時が来る。私はそう信じて、この光が、彼ら被災地にある一人ひとりに注がれることを祈ります。

そしてまた、その祈りを絶やさずに生きるために、まず私自身も、その光を見つめ続ける者でありたいと思います。キリストの光は、一瞬で闇を光に変えるような、一瞬で状況を変えるような爆発的な光ではないかもしれない。しかし、その光は、弱くとも、私たちには小さく見えても、確かに私たちの内で輝き、闇の中でゆっくりと燃え広がりながら、やがて私たちの抱える闇を解き放ってくださるものであると私は信じます。ここにいる皆さんの心の内にも、やがて夜が明けるその時まで、キリストのもたらす光が絶えることなく、輝き続けるように、心から祈りを合わせたいと思います。

（二〇一三年三月一〇日、霊南坂教会夕礼拝説教）

運命

エフェソの信徒への手紙一章三―一四節
イザヤ書六章一―八節

与えられた聖書の中心には、「神の選び」というテーマが横たわっています。神がいかにして人を選び、自らの御業を担う者として立てられるのか。また、それは何のためなのかということがここに記されているのです。驚くべきことに、神の選びとは、人間の思いや常識や歴史を超えて、天地創造の前から定められていたことなのだということが、この手紙には書かれています。

驚きませんか。天地創造の前から、私たちがこの世に生を享ける前から、神は私たちを知ってくださっていたというのです。全くイメージもつかない、非現実的なことが記されているように思いますが、このことは、神が私たち一人ひとりの命を、それほど計り知れず、愛してくださっているのだということを示しています。

なぜ神は、私たちをそこまでこの上なく愛してくださるのでしょうか。それは、私たちを汚れなき、罪なき、聖なる者にするためです。聖書において、汚れまた罪とは、神に背き、神を知らずに生きることを指しています。そしてまた、罪の結果として私たちは滅びゆく者、死という闇に絶えず支配された者であると聖書は証ししています。私たちは生まれながらにして神を知っているわけではありません。その意味で、私たちは生まれながらにして罪に生きる者、死という闇に捕らわれている者であるのです。しかし、神はその私たちを深く憐れんでくださった。神を知らずに生まれ、神を知らないままにこの世を生きて、ただ滅びの道を歩みゆく私たちを深く憐れみ、神を知る者、神の命に生きる者、滅びを知らぬ永遠の命に生きる者にしようと、神は私たちに最上の愛を注いでくださったのです。

それは、私たちを、神の子にするということでありました。神の子、それは本来、神の独り子であるイエス・キリストにのみ与えられた称号でありました。しかし、そのイエスにのみ与えられた特別な命が、今や、神の恵みによって、私たちにも与えられたのです。実は、五節に記された「神の子」という言葉は、「実の子」ではなく「養子」という意味を持っています。神を知らずに生まれ、神の命に背いて生きていた私たち。しかし神は、その私たちを養子として迎え、実の子であるイエスと同じ命にあずからせてくださったのです。

いったいどうやって。それが七節に記されています。「この御子において、その血によって贖われ、罪は赦されました」。罪なき神の独り子イエス・キリストが、人間の罪のために十字架にかかって死んでくださったのです。本来、神の独り子でるイエスは、罪を知らず、死を知らぬお方でありました。しかし、神はあえて、私たちへの愛ゆえにその命を地上に遣わし、私たち人間と同じように、死を経験する者となさいました。しかし、イエスは三日目に復活された。この十字架の贖いと復活によって、神はこの世に、死んでも生きる命があること、死が終わりではないこと、イエス・キリストに結ばれて、私たちもその新しい命にあずかることができることを示してくださったのです。神はなぜ人を選ばれるのか。神はなぜイエス・キリストによって人を召し出すのか。それは、死が象徴する絶望や恐れ、苦難という闇から私たちを救い出すためであったのです。

これは、一方的な神の愛によるものです。私たちが何か良いことをしたからとか、私たちの知恵が優れていたからとかいうことではありません。私たちは皆、生まれながらにして罪に生きる、弱き者であるのです。だから、私たちはだれ一人として自らを誇ることはできない。決して私たちの力では、この罪から逃れ、神に気づき、神の命に結ばれる者になることはできないのです。神の一方的な愛、一方的な恵みのみが、私たちをまことに神の子とするのです。

しかし、こういうことを言うと、かえってその愛を、その恵みを拒もうとする人が出てきます。自らの罪、過ち、弱さを暴かれて、その現実に蓋をし、なお自らの強さを主張しようとする人がいるのです。人間は多くの場合、与えられるより、与える方を好むのです。感謝するより、感謝される方を好むのです。人の下より、人の上に立ちたいのです。そういう人は、一方的なこの神の愛に、なかなか素直になることができません。また一方で、こういう人もいるでしょう。自らの罪、過ち、弱さを認めるからこそ、神に救われるに値する自らの行いが何も見当たらないからこそ、神に選ばれることに戸惑いを感じ、畏れを感じ、心を閉ざしてしまうという人です。なぜこんな私が、なぜ全くふさわしくもないこの私が……。謙遜なのか、畏れなのか、抵抗なのか。神の選びに応える勇気を持てない人がしばしばいるのです。

しかも私たちは、神から与えられるだけではないのです。与えられた恵みに感謝し、今度は、その与えられた愛と恵みを、神の栄光をたたえながら、世に対して、隣人に対して、声高らかに伝えていかなければならないのだということが、今日の聖書に記されているのです。そのために、神は私たちを選び、私たちを召し出してくださった。ただ何もせず、一方的な愛と恵みを受け取っていた私たちが、今度は信仰によって、神から一つの大きな課題、使命を与えられてしまうのです。その意味で、キリストに結ばれたキリスト者は皆、牧師、伝道師と同じように一つの召命感を問われるのです。

しかしこうなると、自らの弱さ、小ささを自覚している人は、神から顔を隠したくなってしまいます。「あなたの愛は分かりました。感謝しています。しかし、あなたが私に託す使命に生きることはできません。私はこんなにも愚かで、知恵も力もない人間ですから」。そう言って、神の選びに応える勇気がなかなか持てないのです。

旧約聖書の預言者イザヤもそうでした。彼はある日突然神から召し出され、預言者としてイスラエルの前に立たされました。しかし彼は初め、その選びを拒んだのです。神と出会ってしまったイザヤは恐ろしくなった。あの偉大な預言者イザヤですら、神の呼びかけの前に身を隠したのだということが、今日の第二日課であるイザヤ書に記されているのです。

しかし、そんなイザヤに神の使いが近づき、彼の口に火を触れさせて言いました。「見よ、これがあなたの唇に触れたので／あなたの咎は取り去られ、罪は赦された」。続けて神が口を開きます。「誰を遣わすべきか。誰が我々に代わって行くだろうか」。神の火によって罪赦され、神の呼びかけを聞いたイザヤは、八節でこう応えます。「わたしがここにおります。わたしを遣わしてください」。ここには驚くべきことが書かれています。つい先ほど、神の前に畏れ、足をふるわせていたイザヤが、唇に火が触れたとたん、今度は神に遣わされ、神の使命に生きる者に変えられたのです。お気づきでしょうか。何がイザヤを変えさせたのか。それは、火をシンボルとする神の力であったのです。

先週、私たちが覚えた、あのペンテコステの出来事と重ならないでしょうか。イエスと離れ、力を失っていた弟子たちが、聖霊を受け、力を受けて、神の使命に生きる者へと変えられたあの出来事です。そうです。このイザヤを強めた火は、ほかならぬ神の霊、新約聖書の時代で言う、聖霊の力であったのです。

このことを覚えながら、再びエフェソの信徒への手紙に戻ってみます。すると、一章一三節、一四節にこう書いてあるではありませんか。「あなたがたもまた、キリストにおいて、真理の言葉、救いをもたらす福音を聞き、そして信じて、約束された聖霊で証印を押されたのです。この聖霊は、わたしたちが御国を受け継ぐための保証であり、こうして、わたしたちは贖われて神のものとなり、神の栄光をたたえることになるのです」。キリストにおいて福音を聞き、つまり罪を赦され、聖霊によって神の栄光をたたえる者になる。あのイザヤの経験と重なります。私たちはだれだって神の使命に生きる自信なんてないのです。己の罪に気づき、弱さに気づき、小ささに気づいたら、もう神の愛を受け止め感謝することで精一杯。うつむいて、手を合わせ、神に感謝の祈りをささげる。私たちはそれで精一杯なのです。しかし、そんな私たちの弱さを強め、顔を上げさせ、神の呼びかけに応える勇気を与えてくれる力があるのです。それがイエス・キリストが天に昇られるときに約束された、聖霊の力です。

神は私たちを、天地創造の前からご自分の子として救い出し、更に多くの命を救うために世に遣わそうと選ばれた。今日の聖書にはそう書いてありました。私たちの思いを超えて、あらかじめ決められていたシナリオ。こうしたことを私たちは、運命と言ったりします。しかし、運命は必ずしも、私たちの現実になるとは限りません。

ベートーベンの交響曲第五番に「運命」と呼ばれる曲がありますが、この曲が「運命」と呼ばれるようになったのは、ベートーベンがあの冒頭の四つの音について、「あれは、運命が扉を叩く音だ」と言ったからであると言われています。運命は必ずしも、現実になるシナリオではないのです。運命は扉を叩く。人間の思いを遥かに超えた運命、神の計画、神のシナリオは、いつも私たちの信仰の扉を叩き、私たちをご自分の子として、またご自分の使命に生きる者として召し出し遣わそうと、私たちを招いているのです。もし、私たちがその扉を閉ざしていれば、運命は訪れない。天地創造の前からある神の計画は、私たちのもとに実現されないのです。

だから、父なる神は子なるイエス・キリストを遣わし、御言葉と十字架、そして復活をもって、私たちの目を開かせました。そしてまた、私たちを絶えず導くために、イエス・キリストを通して聖霊を遣わされたのです。一方的な愛ゆえに私たちを選んでくださった神は、今や聖霊によってなお私たちに働き、私たちを強め、私たちを遣わして、この福音を大切な人々へ、全世界の尊い命へと宣べ伝えていこうとしておられます。

今、私たちはなぜこの教会に、この礼拝堂に集まっているのでしょう。改めて考えてみると、実に不思議な導きの中で、今日私たちはここに集っているのだということに気づかされます。その意味で、これは、私たちに与えられた運命です。運命が私たちの信仰の扉を叩く音が聞こえますか。神が今、あなたを遣わそうとしているその声が聞こえますか。ここに集うすべての人をキリストに結ばれた者としてそれぞれの生活の場に遣わす。この約束の言葉、この神の御心が聞こえますか。あなたはその言葉を受け入れますか。信仰の扉を開きますか。
自信が持てませんか。勇気が持てませんか。不安ですか。大丈夫。必ず、必要な力は神が備えてくださいます。そしてまた、ここに集められた共同体、兄弟姉妹が皆で、あなたのために祈っています。あなたに、聖霊の力が豊かに注がれるように。そう祈ってくれる仲間がここにいます。恐れずに、キリストにあって罪を赦されたことを感謝し、聖霊の助けを信じ、すべてを神に委ねて、共に神の宣教の御業を担う者になりましょう。

（二〇一三年五月二六日、霊南坂教会朝礼拝説教〔三位一体主日〕）

きょうせい

使徒言行録四章三二―三七節
イザヤ書四九章一四―二一節

今日の箇所には、「信じた人々の群れは……すべてを共有していた」、「土地や家を持っている人が皆、それを売っては代金を持ち寄り、使徒たちの足もとに置いた」と記されています。この初代教会のあり方を、教会共同体の理想や目標だという人がいます。確かに、大変美しい、神の愛と隣人愛に満ちた生き方です。しかし一方で、この一言一言は、私たちにとって大きな躓き、あるいは大きな重荷でもあるのだと言わなければなりません。なぜなら、初代教会のように財産をすべて共有することが教会の理想的な姿であるとするならば、今日私たちが生きる教会は、その理想からかけ離れた姿をしているのだと言わなければならないからです。今ここにも、家や土地を所有している人がいます。それを売り払って教会にささげろと言われたらどう思うでしょうか。皆戸惑い、躓くに決まっています。では、現代の教会は、信仰的に初代教会に劣っているのか。この箇所をどう受け止めるべきか。私たちはしっかりと、読み解かなければなりません。

実は私は、先週水曜日から金曜日まで韓国に行っていました。日本基督教団の統一原理問題、いわゆるカルト問題の委員として、韓国にある大韓イエス教長老会との共同セミナーに出席してきたのです。このセミナーのメインスピーカーは、釜山神学大学でカルト宗教を専門に研究している、卓志一（タク・ジイル）教授でした。彼はカルトの定義について次のようなことを言っていました。「大事なものを得るために大事なものを失わせる。救いを得るために教会にすべてをささげさせ、家族、財産を捨てることを強要する。これが一つのカルトの定義であり、カルトか否かを見分ける重要なポイントになる」。タク教授は、更に続けて言いました。「韓国にはキリスト教を名乗るカルトも多くあるが、彼らが最も強調する聖書の言葉の一つとして、使徒言行録四章三四節、三五節をあげることができる。彼らはこの箇所を用いて、人々から土地や家を奪い、多額の資金を獲得するのである」。

驚きました。タク教授が示した聖書の御言葉、それはまさに、今日私たちに示されている聖書の御言葉であったのです。カルトは、初代教会の人々が家や土地を売って代金を持ち寄り、使徒たちの足もとに置いたことを理想的な生き方だと教えるのです。教会に自らの財産をささげる。そのことによって、あなたがたは救いを得ることができる。そう教え込み、人々の生活を奪い取っていくのがカルトなのです。聖書というのはある意味恐いものだと思わされます。聖書の文脈を無視してほんの一言に注目し、自分たちに都合のいい解釈をする。それは、実に危険な聖書の読み方であるのです。

私たちも、しっかりとこの箇所と向き合わなければならない。この箇所は何も、家や土地を売って、財産を教会にささげるように、もっともっと献金をするようにと促している御言葉ではないのです。私たちは献金が減少している、礼拝出席者が減っている、教勢が低下しているとしばしば言いますけれども、それは決して、じゃあそれぞれが苦しい中で、もっと献金を増やせばいいのだということを言っているのではないのです。

「きょうせい」と一言で言っても、日本語ではさまざまな「きょうせい」があります。共に生きることを意味する「共生」、教会の財政や礼拝出席者数を意味する「教勢」、そして、私たちの行動を促す「強制」。私たちはこの「きょうせい」の意味を間違って理解してはいけない。決して献金を強制することで、教勢は伸びないし、決して献金を強制することで、教会が本当に共生、共に生きる群れになることができるというわけではないのです。私たちが苦しい中で、心を痛めながら献金をする。奉仕をする。献金をする意味も奉仕をする意味も分からぬまま、なんとなく強いられて、仕方なく、あるいは周りの人の目を気にして献金をささげる、奉仕をする。そのような生き方の中では、本当に喜びに満たされた信仰共同体は生み出されていかないのです。「とにかく献金してください。とにかく奉仕してください。もっと頑張りましょう」。そう皆さんを煽ってそれが一時の力を得たとしても、それは長続きしないでしょう。皆やがて疲れてしまう。私たちが今覚えるべきこと、私たちが今追い求めるべきことは、なぜ献金をするのか、なぜ奉仕をするのかという意味を知り、そこに大きな喜びと信仰を見いだしていくということです。

こんなことを言ったら後で怒られるかもしれませんが、喜びなき献金はささげられなくてもいいと思います。教会は、あるいは牧師は、皆さんに献金と奉仕を求める前に、まずその意味と、そこにある喜びを語らなければならない。皆でその喜びを知り、あふれ出る神への感謝と献身のしるしとして献金と奉仕がささげられていくべきなのです。もし、今私たちの教会が教勢の低下を経験しているなら、それは、ここに集う一人ひとりの努力が足りないのではなく、ここに集う一人ひとりの喜びが減っているということでしょう。私たちはまず、喜びを取り戻さなければならない。神に生かされていることの感謝と喜びを取り戻さなければならない。神は私たちの献げ物をよく見ておられるのです。私たちの献げ物は神に喜ばれているでしょうか。私たちが顔をしかめ、心にもやもやしたものをもってささげる献金、奉仕。神はそれを喜んで受け入れてくださるのでしょうか。私たちの喜びが神の喜びとなるのです。私たちは喜びを取り戻さなければならない。喜びに満たされて、献金と奉仕に生きる共同体を目指していかなければならないのです。

三四節に、「一人も貧しい人がいなかった」という言葉があります。この部分だけを読めば、これは「一人も貧乏な者はいなかった」という言葉になるでしょう。しかし、これは決して経済的、この世的なことを語っているのではありません。私たちは今、聖霊降臨節の時を過ごしています。使徒言行録の四章、それは二章におけるペンテコステの出来事を受けて、聖霊に満たされた弟子たちが、どのように変わり、信仰共同体なる教会を築き上げていったのかということを伝えているところなのです。つまり、「一人も貧しい人がいなかった」とは、信仰において、また聖霊の力において貧しい人がいなかったということなのです。

土地や家を持っている人が皆それを売ったと記されていますが、ある聖書学者は、おそらくこれは誇張であり、家や土地を売ったのは皆ではなかったと指摘しています。なぜなら三六節のところで、「たとえば」と言って、バルナバと呼ばれる一人の人の行動だけが、模範的姿として描かれているからです。本当に皆が皆ささげていたならば、バルナバだけ特筆するべきではないし、そうすることもできなかったはずなのです。真実は分かりませんが、いずれにせよ、皆が土地や家を売って、その代金をささげていてもいなくても、確かなことは、このとき信仰共同体全体が聖霊に満たされ、信仰的貧しさを覚えることなく皆豊かにされ、喜びと感謝に満ちあふれて、自らの財産、生活のすべてを、あるいは一人ひとりできる限りの最善の献げ物を、主のために、教会のためにとささげていたということです。

最善のものを喜んでささげる。最近、私たちの日常においても、このような生き方が多く見られました。東日本大震災の被災地に向けて、国内だけでなく世界中の人々が、義援金や救援物資を被災地にささげたのです。なぜあのとき、あれほど多くのお金や物が被災地にささげられたのか。それは、世界中の人々が、あの震災の悲惨な光景を目撃し、そこでなお生きる人々の姿を目撃し、いても立ってもいられなくなったからだと思います。皆が被災地に今何が必要なのかを真剣に考え、心から被災地の痛みに連帯したいと願って、義援金や救援物資、さまざまな物が送られたのだと思います。皆がその必要性をよく理解していたのです。

私たちはここから多くのことを学びます。献金を増やそう。奉仕を増やそう。そう言われてもしっくりこない。しかし、なぜ献金が必要なのか、なぜ奉仕が必要なのか。教会が、牧師が、その必要性を語り、皆がその必要性に気づけば、皆がそれぞれに献金や奉仕について真剣に考えるようになり、必要なものは備えられていくのではないかと思うのです。

こんなことを話すと、献金が減ってしまうのではないかと思うかもしれません。その必要性と喜びが分からないうちは、献金をしなくてもいいと言われている。そんなことでは教会が成り立たなくなってしまうと心配する人がいるかもしれません。

そこで私たちは、今日の第一日課に目を注ぎたいのです。イザヤ書の四九章です。「主はわたしを見捨てられた／わたしの主はわたしを忘れられた」。バビロン捕囚という苦難の中で、また解放後に見た、荒れ果てたエルサレム、そうした絶望の中で、イスラエルの民は嘆いたのです。しかし、神はイザヤを通して語ります。「私があなたを忘れることは決してない。私は生きている。破壊され、廃墟となり、荒れ果てたあなたの地は、彼らを住まわせるには狭くなる。あなたが失ったと思った子らは、再びあなたの耳に言うであろう。場所が狭すぎます、住む所を与えてくださいと」。いかなる衰退の中にも、いかなる困難の中にも、主は生きて働き、私たちを忘れることなく歩むべき道を示してくださる。たとえ教勢が下がり、献金と信徒の数が減ったとしても、主は必ず私たちの群れに働き、この会堂が狭すぎると言う時が来るほどに、私たちを繁栄させてくださる。イザヤを通して語られた御言葉は、そのような希望を私たちに与えてくれるのです。

私たちはつい、目の前の現実に慌てます。教勢が低下している。では、数字を増やすためにどうするか。すぐそのような考えを持ってしまいます。しかし、そうではないのです。まず私たちがなすべきことは、今何がどれほど必要で、そのためにいかにして皆が喜びを持ち、聖霊に満たされて共に生きることができるかということなのです。そのことを熱心に祈りつつ、主が必ずこの教会の歩みを守り導いてくださることを信じて、歩んでいく。それが、教会が最も大切にしていくべき歩み方なのです。

皆さん、主の恵みによって、喜びに満たされていますか。皆さんがささげてくださる献金は、奉仕は、その喜びからあふれ出てきたものですか。神は、私たちに一人ひとりに呼びかけています。私たちが喜びに満たされ、この教会で、またこの礼拝を通して、真に平安を与えられ、生きる勇気と力を得ることができるように、と。神は日々の糧を、御言葉をお与えくださっています。そこには神の深い愛と恵みがあふれています。キリストの十字架と復活を通して示された赦し、慰め、いかなる闇をも打ち破る新しい命の希望があふれています。私たちは今、何よりもこの愛と恵み、そして希望に気づかされ、本当の平安、喜びを味わうことから始めるべきなのではないでしょうか。

（二〇一三年六月二三日、霊南坂教会朝礼拝説教）

神はつらいよ

マタイによる福音書二〇章一—一六節

高校生の頃、私は宅配ピザ屋でデリバリーのアルバイトをしていました。ピザ屋には当然ピザを作るメイク担当者もいるわけですが、ある日突然、このメイクの一人が激怒したことをきっかけに、メイクとデリバリーの処遇を巡って大激論が交わされるということがありました。メイクとデリバリーでは時給が全然違うのです。メイクはだいたい八五〇円、そしてデリバリーは一〇五〇円。デリバリーはバイクに乗って外に出ますから、ある意味では事故と隣り合わせの危険なアルバイトであるわけです。だから、メイクに比べて時給が高いのだと聞きました。

しかし、この人の文句をよく聞いてみると、怒っていた本当の理由は時給の問題だけではありませんでした。私を含めたデリバリーの面々が、しょっちゅう仕事をさぼっていたこと、それが、この人にとっての一番の問題であったのです。デリバリーの仕事は、注文が多い昼と夜のひとときを除けばほとんどありません。運ぶピザがないのですから、小さな雑用さえ済ませてしまえば、後は待機するだけでよかったのです。メイクの人たちは注文がなくても、具材の準備、生地の準備、そしてオーブンの掃除など、絶え間なく仕事をしています。しかし、デリバリーはそうではない。だから、暇な時間には待機と称して皆で裏の控え室に行き、マンガを読んだり、ゲームをしたりということをしていたのです。店長まで一緒に遊ぶこともありました。しかも、その間も給与は出るし時給も高い。なんと幸せなアルバイトだったかと今でも思いますが、客観的に見ればひどい話です。この人が激怒するのも当然でしょう。こんな不条理なことはない。私が逆の立場だったら、同じように激怒していたかもしれません。

与えられた聖書にも、似たような話が出てきます。イエスが語った「ぶどう園の労働者」のたとえです。たとえ話というのは、イエスがその時代の人々に福音を分かりやすく伝えるために用いたものでありますから、それは当時の人々にとって身近な話であったのです。おそらく今日を生きる私たちが経験するのと同じように、二〇〇〇年前に生きた人々も、自分と他の人との労働に対する報酬を巡ってさまざまなトラブルを抱えていたのでしょう。そのたびに人々は憤り、ため息をついて社会の厳しい現実を嘆いたのです。

人々はこう思っていたことでしょう。「本当はそんなことがあってはいけないのだ。労働に対してはしっかりとそれに見合った報酬があるべきだし、一人ひとりの働きに応じて適切な報酬が支払われるべきなのだ。八時間働いた人と、一時間しか働かなかった人が同じ報酬を与えられるなんて、そんなことがあるから私たちの心は萎えてしまうのだ。イエスよ、そんな不条理な世界をなんとかしてくれ。もっと平等な社会を作ってくれ。あなたが今話しているたとえは、あってはならない話ですよね？」。

しかし、言うまでもなくイエスがここで語っていることは、あってはならない話ではないのです。「天の国は次のようにたとえられる」。このたとえは、そう語り始められています。これは天の国の話なのです。神が支配する御国においては、あなたがたが不条理で不公平だと思っていることが起こる。いやむしろ、そのような状況をも突き抜けていく世界こそが、神が目指しておられる世界であるのだとイエスは言うのです。

ここで私たちが考えさせられることは、平等とは何かということです。報酬を受け取る側からすれば、働いた時間に応じて報酬が増減することこそ平等だということになるでしょう。しかし、与える側の与えるという行為だけを考えるならば、人によって報酬に差をつけるよりも、皆同じ額の報酬を与える方が平等なのです。皆、雇い主の求めに応じて集まってきた。その求めに応じて求められた働きをやりとげた。そこに時間は関係ない。求めに応じ、求められたことをした。少なくとも、このたとえ話に出てくる主人は、その一点だけを見つめ、そのことに対して平等な支払いを果たしているのです。

私はここで、こんなことを思いました。もしかしたら、一日働いた人が、一時間働いた人の報酬を知らなければ、一日働いた人は何も不平を言うことなく、約束通りの一デナリオンをもらって、喜び踊りながら家に帰ったかもしれない。当然、自分があの一時間働いた人と同じ報酬のはずはないと思いながら、与えられた報酬に満足をして帰っていくのです。しかし、この話の中で、一日働いた人は、一時間しか働かなかった人の報酬の中身を知ってしまった。そこで、妬みが起こるのです。私たちの問題は、人が幸せになることを、なかなか素直に喜べないということです。自分だけ幸せでいたい。あるいは、人が自分の幸せを超えているように見えることを、なかなか受け入れられないのです。

私たちは、なぜ人と自分とを比べるのでしょうか。人と自分とを比べて、人が自分より劣っていれば安心したり、密かに喜んだりすることもあります。しかし、その逆であれば心に悪い虫がつく。なぜそうして、人の幸せや成功を共に喜ぶことができないのか。これが、イエスがこのたとえ話を通して私たちに問いかけていることであるのです。

このたとえに出てくる報酬は、神の恵み、あるいは神の愛とも言い換えることができるでしょう。一五節に「自分のものを自分のしたいようにしては、いけないいか」という主人の言葉が出てきます。神は、自分の愛を、人に分け隔てなく与えたいのです。あなたにも、私にも、まだ教会に一度も来たことがない人にも、神は平等に、ご自分の愛を注ぎたいと願っておられるのです。その愛とは、イエス・キリストの十字架と復活が示す、私たちの罪の贖い、そして私たちに与えられる死を超えた永遠の命です。人間が罪を抱え、死の滅びへ向かって生きている。神はそれを黙って見てはいられないのです。このたとえで主人は仕事がなく何もしないで一日を過ごしている人のところへ何度も足を運んでいます。そして何度も自分の園に人を招き、そこですべての人に同じく必要な報酬を、恵みを、愛を与えるのです。

仕事がなくて一日中立ち尽くしている人。その人の心はもしかしたら、自己否定の塊だったかもしれません。「だれも雇ってくれないのです」。そう嘆く言葉は、「私はだれにも必要とされない不必要な人間なのだ」という自己否定の言葉であるのです。しかし主人は、その人のところへ行き「あなたが必要だ」と言って、先に働いている人々と全く同じ報酬を、愛を、恵みを注ぐのです。神はそうしたいのです。この世に生きる命で不必要な命など一つもないのです。価値のある人とない人、そんな優劣はない。神においては、世に生きるすべての命が同じ愛を注ぐ対象であり、罪の赦しと永遠の命の恵みを与える対象であるのです。

しかし、私たちはその気前のよさを妬んでしまう。あるいはその気前のよさに無関心でいる。無関心でいるということは、主人の心を理解していないままでいるということです。主人は一人でも多くの人を園に招きたいのです。そして一人でも多くの人に気前よくふるまいたいのです。その主人の心を、私たちはどれほど理解し、またその心にどれほど協力することができているでしょうか。

先日、『寅さんとイエス』（米田彰男著、筑摩選書、二〇一二年）という本を買いました。映画『男はつらいよ』に出てくる寅さんとイエスを比較し、二人が多くの共通点を持っているのだと力説している大変興味深い本でありました。「寅さんは、大変愉快で心優しい人であるけれども、実は繊細な心を持つ人である」。この本にはそう書かれていました。寅さんは毎回大失恋をします。女性を愛し、愛した女性の幸せを心から願うわけですが、その気持ちが伝わらない。失恋をして、それでも明るく気丈にふるまう寅さんがそこにいるのです。しかし、その心の奥ではとても傷ついている。だれも、そんな男心を分かっちゃくれない。「ああ、男はつらいよ」。このような寅さんの心を映したのが映画のタイトルにもなっているわけですが、『寅さんとイエス』という本は、その心の奥深くで傷ついている寅さんとイエス、寅さんと神を重ねているのです。

完全なる愛に生きる神は、寅さんのようにいつも気丈にふるまってくださいます。私たちが神の御心に理解を示さず、気前の良い神を妬んでも、その気前のよさに無関心であっても、だからといって神は私たちに冷たくあたるような方ではありません。そもそも私たちが与えられている愛と恵みというのは、私たちが何かしたから、そのご褒美として与えられているものではないのです。私たちは皆、本来だれも恵みを与えられるにふさわしい者ではないのです。しかし、神はその私たちに、等しく愛と恵みを注いでくださっている。「私がそうしたいのだ」と大変気前の良いことを言ってくださっているのです。

ただ、私たちがその神の業を妬むとき、その神の業に無関心でいるとき、神は悲しみます。神は心を痛めます。その痛みを私たちに見せることはない。しかし、私たちには見せないようにしながら、神は確かに悲しんでおられるのです。

「後にいる者が先になり、先にいる者が後になる」。今日の聖書はそう締めくくられています。私たちに今求められている信仰は、私たちと同じ恵みを人々にも知らせるということにとどまらないのです。私たちと同じ恵みをあの人にも与えてくださいというのではなく、そんな心の狭いことを言わずに、もっと寛大な信仰に生きることを求められているのです。あの人を私以上に愛してくださいと言うかのごとく、それほどにまで、あなたは隣人の救いを、他者の救いを、その幸いを望むことができるか。「後の者が先になり、先の者が後になる」ことを不条理とは言わずに受け入れるか。神はそう問いかけながら、私たちの信仰を、自らの内にではなく、絶えず外に、隣人に向けて生かしていくことを求めておられるのです。

今すでにキリストに結ばれている私たちは、この聖書で言うところの「先にいる者」だと理解することができるのでしょう。そしてまだ、信仰を求めている人、神を全く知らないで孤独の中を生き、自分なんて不必要な存在だと自己否定をしながらただ立ち尽くしている人。そのような人々が「後にいる者」だと理解することができるでしょう。私たちの周りを見回してください。まだ私たちと同じ喜びに出合っていない人がたくさんいます。その人々が、私たち以上に大きな喜びに出合えるように祈りましょう。その人々が私たち以上に、神の働きかけを受けることができるように行動しましょう。人の幸せを妬むことも、うらやむこともなく、すべての人に神の愛と恵みが注がれるように心から願いましょう。そして、共に喜びましょう。一人でも多くの人と、主人が招くぶどう園で、神の国で働いていく。一緒に汗を流して、一緒に神の最大の愛と恵みをいただいて、本当に良かったと感動を分かち合いながら生きるのです。神は今、あなたをそのような人生へと招いておられます。

（二〇一三年九月二二日、霊南坂教会夕礼拝説教）

枯れ木に花を咲かせましょう

サムエル記上一六章一―一三節
テモテへの手紙一、一章一二―一七節

牧師館の窓の外にきれいな花を咲かせたい。今年の春に、妻と二人でそう話しまして、マリーゴールドの苗を買いました。ガーデニングのセンスや知識は全くないのですが、何かと形から入るタイプですので、おしゃれなプランターと上質な土を手に入れて、そこに四つのマリーゴールドの苗を植えました。オレンジ色のきれいな花が咲き、しばしその光景を楽しむことができました。しかしそれは、ほんの一時の楽しみでありました。

というのも、夏期休暇をいただいて、一〇日ほど家を離れたのです。すると花はすべて朽ち、プランターの土もひび割れをするほどに渇き切ってしまいました。妻と二人で「向いてないね」と苦笑いをしながら、新しい苗を植えるわけでもなく、プランターを片付けるわけでもなく、ただ枯れたマリーゴールドを放置して数か月の時を過ごしました。

しかし、ここから驚くべきことが起こりました。今月の初めにふと窓の外を見ると、そこには朽ちたはずのマリーゴールドがまた咲いていたのです。私が完全に見捨てていた一つの花が、もう朽ち果て諦めていた一つの花が、人の思いを超えてまた美しく咲いた。命の芽生えとは、本当に神の御業なのだということを、改めて思い知らされました。

「人は目に映ることを見るが、主は心によって見る」。今日の聖書には、そう書かれていました。人間と神は、ものを見る視点が違うのだというのです。この言葉は、神がサウルに代わる新しいイスラエルの王を見いだすときに語られた言葉です。神はサウルが御言葉に従わず、自らの欲望に生きるようになってしまったことを悔い、彼を退けて新しい王を見いだそうとするのです。神はそのために、預言者サムエルを遣わします。

「角に油を満たして出かけなさい。あなたをベツレヘムのエッサイのもとに遣わそう。わたしはその息子たちの中に、王となるべき者を見いだした」。サムエルはこの言葉を受けて立ち上がり、神の指示通り、「いけにえをささげる」という名目を掲げて、新たな王を見いだすためにベツレヘムへと行きました。ベツレヘムに着くと、町の長老たちは不安げにサムエルを出迎えたと記されています。高名な預言者サムエルが、田舎町ベツレヘムに来た。それは、ありえない出来事、非日常の出来事であったのです。「こんな田舎町にあなたが来るなんて、いったい何があったのですか。あなたが来られたのは平和のためですか」。長老たちはつい不安になってそう尋ねたのでした。ここでもうすでに、あの印象的な神の言葉が響いてきます。「人は目に映ることを見るが、主は心によって見る」。人間が価値のないものと考える、枯れた町だと考える、その貧しい田舎町をも神はしっかりと見つめておられるのです。

さて、いけにえの会食が始まりました。いけにえの会食というのはもちろん、名目上のものであり、本当の目的は新しい王を見いだし、その者に油を注ぐということでありましたから、サムエルも目を凝らして、エッサイの息子たちの姿を見つめていました。まず初めに、サムエルはエリアブに目を留めます。彼はかつての王であるサウルと同じように、容姿が良く、背が高かったのです。そこでサムエルは、「彼こそ主の前に油を注がれる者だ、と思った」。いや、思ってしまった。サムエルはなお、目に映るものを見つめ、容姿と背の高さだけを見て、この人こそ油注がれるにふさわしい者だと思ってしまったのです。しかしそれ以上に、サムエルはここで大きな間違いを犯してしまいました。サムエルは三節のところで神からこう言われていたのです。「なすべきことは、そのときにわたしが告げる。あなたは、わたしがそれと告げる者に油を注ぎなさい」。「私が告げるその言葉を聞け。その言葉を待て」。神はそう言ったのです。しかし、サムエルはここで、その言葉を待つことなく、自らの思いの中で、「この人こそ油注がれる者だ」と思い込み、自ら判断をしようとしてしまったのです。

ここに映し出されるサムエルの姿は実にせっかちです。神の言葉を待て、その時を待てと言われているのに待てない。ついつい、自分の思いが先行してしまう。高名な預言者といえども、ここに映るサムエルの姿は実に人間的であり、まるで私たち自身の姿を映し出しているようでもあります。そうです。私たちはせっかちなのです。私たちはなかなか神の時を待とうと思えない。神の言葉を待てない。神に委ねることができずにそわそわして、自分自身の直感や価値判断基準、そうした思いに捕らわれてしまう者であるのです。ここで何か自分が行動を起こさなければ期を逃してしまうのではないかと思う。この期を逃せば、もうそこに豊かな実りは与えられないのではないか、もう手遅れになってしまうのではないかと思う。枯れた花はもう咲かないものだと決めつけてしまう。その焦りが、いつも私たちを捕らえているのです。

しかし、サムエルはここで立ち止まりました。「人は目に映ることを見るが、主は心によって見る」。その言葉に目を開かれ、自らの思いから解き放たれて、今一度、「なすべきことは、そのときわたしが告げる」という言葉、神の時を待ち、神の言葉を待ち、神にすべてを委ねる信仰へと立ち帰るのです。この後も、エッサイの息子たちがサムエルの前を通ります。しかしもう、サムエルは自らの思いを語りません。サムエルが語る言葉は、「この者をも主はお選びにならない」という言葉でした。私の思いではなく、主がどう思われているかを告げる、その預言者本来の務めに彼はここで立ち帰っているのです。

ところが、エッサイの息子としてこの席に来ただれに対しても、神は油を注ごうとしませんでした。そこでサムエルは聞きます。「あなたの息子はこれだけですか」。エッサイは答えます。「末の子が残っていますが、今、羊の番をしています」。

エッサイの末の子は、いけにえの会食の席に来ていなかった。なぜでしょうか。第一に考えられることは、当時はこうした犠牲の祭儀が成人した者たちの儀式であったということです。エッサイの末の子はまだ少年であった。だからこの席には参加する資格がなかったのだと考えることができるのです。しかし、この物語の流れから考えれば、もっと違った理由があるはずです。それは、エッサイとその息子たちが、末の子の価値を見限っていたということです。家族全員がこの席に来てしまえば、だれが大切な羊の番をするのか。そうであれば、だれか一人は残らねばならない。その一人に選ばれたのが、ある種当然のこととして、その末の子であったというわけです。高名な預言者サムエルの前に出向くほどの者ではない。エッサイとその息子たちは、そう思って、末の子をこの席に連れて来なかったのです。

「人は目に映ることを見るが、主は心によって見る」。あの言葉がまた響きます。エッサイの末の子である少年。彼は高名な預言者に出会うほどの者ではない。それよりも、羊の番をしているにふさわしい者だと思われていた。しかし、神はその末の子、少年ダビデに目を注いだのです。田舎町ベツレヘムの少年ダビデ。人がだれも目をとめなかった、見ようとしなかったところに神は目を注がれた。そして、彼を新しいイスラエルの王とするべく、神はサムエルを通して、彼に油を注ぐのです。

一番驚いたのはダビデ自身だったかもしれません。兄弟たちがいけにえの会食という重要な祭儀に出かけても、自分だけはそこに行くことができなかった。ダビデはもしかしたら、その現実を受け入れつつ、自らの価値を低く見て、日々泥仕事を引き受けていたかもしれません。しかし、そのダビデが、いけにえの会食に招かれ、そこで特別な油を注がれるのです。まるで、シンデレラストーリーのように。

私はここで、一つの物語を思い出しました。『花咲か爺さん』という昔話です。あるところに無欲で優しい老夫婦と、実に欲深い老夫婦がいました。無欲で優しい老夫婦は、不思議な力を持つ愛犬の言葉をよく聞いて、その言葉のとおりに行動し多くの実りを得るのです。しかし、欲深い老夫婦は実にせっかちで、犬を無理矢理に連れ回し、その声を聞こうともせず、自分たちの欲望のままに行動をしてしまうのです。もちろん彼らは実りを得ることはできません。最後には、無欲で優しい老夫婦が「枯れ木に花を咲かせましょう」と灰を撒く、すると、枯れ木が美しく花を咲かせるのに対して、欲深い老夫婦が同じことをすると、そこには何の花も咲かなかったというオチが待っています。聞くべき声を聞き、その声を信じて生きる者と、その声に耳を傾けず、欲望と自らの思いだけで生きようとしてしまう者、この対照的な生き方を選ぶ者に、それぞれどのような実りが与えられたか。どのような花が咲き誇ったか。この物語はそのような問いを私たちに示すのです。

私たちはどうでしょうか。いつもどこか、自らの思いに縛られ、自らの思いですべてを判断してしまうということはないでしょうか。欲望というだけではありません。自らの価値を過小評価してしまうということにおいても、私たちは自らの思いに捕らわれてしまうということがあります。どうせ私なんて、こんな私なんて。そう自らを見限ってしまうこともある。しかし神は、徹底的にそのような私たちの思いを超えて、私たちに関わってくださるのです。

ダビデは、ベツレヘムという田舎町に住む少年でした。思えばイエス・キリストもまた、ベツレヘムで生まれたダビデの家系に属する者、そしてまた、その故郷は、ナザレから何か良いものが出るだろうかと侮られるほど、だれの目にも留まらない小さな町でありました。私たちが救い主と信じるイエス・キリストも、人間の目から見れば価値のないものだと思われてしまうのかもしれません。しかし、神は確かに、あの田舎町から、人々が見下してしまうようなあの町から、私たちの救い主を生み出されたのです。私たちが見捨てようとするところ、私たちが価値のないものだと思うところ、私たちが目を注ごうともしないところ、私たちが諦めようとしてしまうところ、しかし神はそこに、朽ちることのない命の輝きを示されるのです。

今ここには、いろいろな思いを抱えている人がいます。心が渇き切って荒れ果てている。そのような人もいるかもしれません。しかし、神は必ずあなたのその渇きを癒してくださいます。今はまだ、あなたの心は枯れているかもしれない。しかし必ず、あなたの心に豊かな喜びが、豊かな実りが与えられる時が来ます。慌てないで、その時を待ちましょう。神の言葉を聞いて、祈りながら、すべてを神に委ねてその時を待ちましょう。イエス・キリストの救いを待ち望みましょう。そしてやがて来たるその時には、心から感謝をするのです。「神よ、豊かな実りを、豊かな収穫を感謝します」と。ここに集うすべての者がそう高らかに、喜びの歌を歌える日が来るように。そう願いつつ、ご一緒に祈りを合わせましょう。

(二〇一三年一一月二四日、霊南坂教会朝礼拝説教)

耳をすませば

イザヤ書四〇章一―一一節
ペトロの手紙二、三章八―一四節

「クリスマス、耳をすませば、息子かな」。この俳句は、昨日もたれた霊南坂幼稚園のクリスマス会において、私の頭に浮かんだものです。霊南坂幼稚園のクリスマス会では、毎年子どもたちによるページェントがもたれます。今年は初めてそこに私の息子も出演しまして、私も一人の保護者としてその会に出席をしました。

ページェントの中で、私は無意識のうちに息子の声を聞こうと、注意深く耳をすませていました。皆が元気に賛美歌を歌っている。その中に、果たして息子の声はあるのか。ちょっぴり心配をしながら、しかしとても微笑ましい気持ちで、私は子どもたちの歌声の中に、息子の声を探したのです。そして、あの俳句が頭に浮かんだ。「クリスマス、耳をすませば、息子かな」。息子の声は確かにそこにあったのです。

耳をすます。この行為はとても不思議な感覚を私たちに与えてくれます。ただそこに響く歌声を聞いていたときには、そこにだれかの声が際立って聞こえるということはあまりありません。そこにあるのは、集団が生み出すハーモニーです。しかし、息子の声を探して耳をすますと、不思議なことに息子の声はしっかりと私の耳に届くのです。

聞こえなかった声、気づかなかった声が聞こえてくる。他の子どもたちの声に紛れていた息子の声が、まるで浮かび上がってくるかのように私の耳に届いてくる。そして、耳だけでなく心にもその声が響いてくる。もちろん、折り重なる子どもたち皆の歌声にも感動を覚えるわけでありますが、何せ親というのは自分の子どもが一番です。きっと多くの保護者たちも私と同じように、自分たちの子どもの声を探しながら、耳をすませてその時を過ごしていたのではないかと思います。

今朝与えられた第一日課イザヤ書四〇章の冒頭には、「慰めよ、わたしの民を慰めよ」と語りかける神の言葉が記されています。この言葉は、紀元前五四〇年頃、バビロン捕囚のただ中にあったイスラエルの民に対して、神が預言者を通して語られた言葉です。自分たちは神から国の繁栄を約束された特別な民なのだ。そう信じていた彼らにとって、このバビロン捕囚という出来事はあまりにも理解に苦しむことでありました。廃墟となってしまったエルサレムのように、彼らの心はすさみ、傷つき、信仰も荒れ果てていたのです。そのような状況の中で、神は今日の言葉を語ったのです。「慰めよ、わたしの民を慰めよ」。

私は思うのです。信仰を深く傷つけられていたこの民が、「慰めよ」という神の言葉にどれほど心を開けていたのか。答えは「ノー」です。彼らはおそらく、ここで神の言葉を聞くことができなかった。神が「慰めよ」「慰めよ」と重ねて語りかけているにもかかわらず、彼らはその言葉に耳を傾けることができなかったのです。

いったいなぜそのようなことが言えるのか。それは、四〇章の六節、七節にこういう言葉があるからです。「呼びかけよと、声は言う。わたしは言う、何と呼びかけたらよいのか、と。肉なる者は皆、草に等しい。永らえても、すべては野の花のようなもの。草は枯れ、花はしぼむ。主の風が吹きつけたのだ。この民は草に等しい」。ここには、民に神の言葉を告げる預言者ですらも、「慰めよ」というあの神の言葉が聞けず、なお絶望の淵に立たされていたのだということが示されています。「呼びかけよ」。神はそう預言者に語りかけたのです。しかし、預言者は言います。「わたしは言う、何と呼びかけたらいいのか」。すでに一節で「慰めよ」と語りかけられ、更には二節でも、「苦役の時は、今や満ちた」、「あなたがたの咎は償われた」、「罪のすべてに倍する報いを／主の御手から受けた」と語りかけられていたにもかかわらず、預言者はここで、「何と呼びかけたらいいのかわからない」とうつむき、首を横に振っているのです。

それだけではありません。自分たちのこの苦難の現実は、主の風が吹きつけた結果だ。つまり、神の裁きの結果だと言っている。そして、自分たちはその裁きによって、その風によって二度と立ち直れない。枯れ果ててしまった草にすぎないのだとまで言っているのです。

何とネガティブな言葉でしょうか。「慰めよ」と神が語りかけてくださっているにもかかわらず、全くその声が聞こえていない。なお絶望の中に、闇の中に立ち尽くしている預言者がいる。神の最も近くにいる預言者ですらそうであったのですから、イスラエルの民もまた、「慰めよ」との神の言葉を聞けずにいたに違いない。私はそのように思うのです。しかし同時に、私は彼らに同情し、共感をする者でもあります。私たちも彼らと同じような思いを日々抱く者であるからです。私たちもまた、人生という荒波の中で、何度も強い風に吹き付けられ倒れそうになるのです。人生は楽しいことや幸せなことばかりではない。むしろ、苦難と痛みに満ちたことばかりが私たちの身に降りかかってきます。

このとき、私たちも経験します。どんな慰めの言葉も耳に入ってこない。どんな慰めの言葉も心に響かない。だれに何を言われても解き放たれない。自分を慰め、励まそうとするすべての言葉が、不協和音のように自分の外で鳴り響いている。遂にはその声に耳を閉ざし、こう叫びたくなる。「どうせ私なんて、枯れた草に過ぎない。もうほっといてくれ。私たちに希望なんてないのだ」。

預言者も、イスラエルの民もきっとそのような思いを抱いていたのでしょう。それほどに、彼らは傷つき苦しんでいたのです。国を失ったという痛み、神との約束が破られ、神に見捨てられたとしか思えないような現実。その喪失感は彼らの身に重くのしかかっていたのです。

しかし、ここで語るのを止めない方がおられます。それが、私たちの神です。八節で神は言うのです。「草は枯れ、花はしぼむが／わたしたちの神の言葉はとこしえに立つ」。神は、自らの言葉を示しながら、この言葉は永遠に枯れることはない。永遠にしぼむことはない。耳をすましてこの神の言葉を聞き、その言葉を信じて生きる者には必ず慰めと、赦しと、報いがあり、失ったものの回復と、更なる栄光が約束されるのだということを伝えているのです。その後も、神は語り続けます。「恐れるな」そして「見よ」。神はそう言いながら、ご自分の御業を指し示し、その言葉の先に真の慰めと救いがあることを伝えるのです。イスラエルの絶望と闇の中に、私たちの絶望と闇の中に、神はとこしえに枯れることのない慰めの言葉を語り続けてくださっている。御言葉という一筋の光を私たちの心に注ぎ、そこで私たちの内に、再び命の光、生きる喜びと希望とが輝くようにと神は働き続けてくださっているのです。

かの有名な『ナルニア国物語』を書いたC・S・ルイスという人がいます。『ナルニア国物語』が実にキリスト教的であり、神学的にも深い洞察を与えてくれる作品であることからも分かるように、ルイスは熱心なキリスト者でありました。しかし、彼は一四歳のときに一度信仰を忘れ、無神論者になったと言われています。彼は一〇歳のときに病によって母親を亡くしていました。その悲しみもあったでしょう。そしてまた彼の周りには、信仰を無意味なものと考え、オカルト的なものばかりに目を奪われる人々がいたとも言われています。そうしたさまざまな影響もあって、彼は一四歳のときに一度祈ることをやめ、信仰を忘れた日々を過ごすようになってしまうのです。しかし彼は、一五歳のときに、再び神と向き合い、信仰に生きる者へと変えられます。いったい何が彼を変えたのか。ルイスはその当時の心境の変化を『不意なる歓び』という著作の中で語っています。

彼はあるとき、電車を待つ駅のホームで売店に立ち寄り、一冊の本を手に取るのです。それはジョージ・マクドナルドという人が書いた、『ファンタスティス』という本でありました。その本の内容がどのようなものであったのか、詳しくは書かれていません。しかし、彼はこの『ファンタスティス』という本に出合い、それを読み進めているうちに実に不思議な、そしてかけがえのない経験をしたのです。

「物語そのものはありきたりの、大して意味もない、老婆の語る退屈な話のように聞こえたかもしれない。そうした話を思い出したところで、何を自慢することがあるだろうか。しかし世界の果てから私に呼びかけていた声が、そのとき、私のついかたわらで語りかけているかのように響いたのだ。それは私と同じ部屋の中に、いや、私の体の中に、あるいは私のつい後ろにいるかのようだった。かつてはその声は距離に阻まれて聞き取りにくかったかもしれないが、今は近すぎて、かえってよく聞こえなかった。近すぎて目に入りにくいもの、あまりはっきりしているので、こちらの世界の知識では理解しにくいもの。それでいて実は常に私の傍らにあったもの。急いで振り向けば捉えることができたかもしれないもの。そのとき初めて私は、それを私が捉えることができないのは、私に何かが出来ないからではなく、私があることをせずにはいられないせいだったのだと心づいていた。もしも私が虚しい努力をやめるなら、手を離すなら、自分自身を虚しくするなら、願い求めているものは、ただちに目の前に現れるだろうと思われた」。

ルイスはふとしたことがきっかけで、絶えず自分の内側に、あるいは自分のすぐ傍らにいて呼びかけ続けてくださっていた神の声に気づいたのです。しかも、これまでその声に気づけなかったのは、自分があることをせずにはいられなかったからだ。つまり、自分の思いに捕らわれていたからだと彼は言うのです。ルイスの言葉には、信仰に立ち帰った彼の心が映し出されているのと同時に、信仰とは何か、私たちに語り続けられている神の声を聞くために、私たちはどうあるべきなのかということが、伝えられているように思います。

預言者とイスラエルの民がそうであったように、私たちもまた目の前の苦難の中で、聞くべき言葉に耳を傾けることのできない一人ひとりであることを覚えます。しかし、今日も確かに神は私たちに語りかけてくださっているのです。イエス・キリストを世に与えられ、十字架と復活によって、私たちの絶望に希望を、私たちの闇に光を照らし続けてくださっている神が、今日も私たちに語りかけてくださっているのです。
私たちは、御言葉が語られるこの礼拝に、どれほどの思いで臨んでいるのでしょうか。私たちは、世の忙しさと雑踏の中で、神が共に歩んでくださっているということを、その傍らでいつも私たちを慰めるために語り続けてくださっているということを、どれほど覚えているでしょうか。目を凝らし、耳をすませて、その声を聞き分けようとしているでしょうか。本当に心を落ち着かせ、自らの思いを空っぽにして耳をすませば、今まで聞こえなかった声が聞こえてきます。あなたを慰め、励ます方の声があなたの心に響いてきます。このことを信じ、この声を聞くために、新たな一週の旅路を歩んでいきたいと思うのです。

（二〇一三年一二月一五日、霊南坂教会朝礼拝説教）

はじめの一歩

マルコによる福音書一章二一―二八節
申命記三〇章一一―一五節

皆さんは、初めて教会に足を踏み入れたときのこと、初めて礼拝に出席したときのことを覚えているでしょうか。クリスチャンホームに生まれて、生まれたときから教会に来ているという人も、物心がついて初めて教会というところを認識したときのことを覚えているでしょうか。私たちはおそらく、大小さまざまではありますが、何らかの驚きや戸惑いを持って、その最初の日を過ごしたのではないかと思います。

初めて礼拝に出席した人に「いかがでしたか？」と聞くと、こんな答えが返ってくることがあります。「賛美歌も祈りも分からないし、ついていくのに必死でした。皆さんはすごいですね。全部覚えていらっしゃるんですか？」。

こんなことを言う人もいます。「あの体と血を食べるという時間には驚かされました」。これはもちろん、聖餐式のことです。「これはキリストの体。これはキリストの血」という牧師の言葉に、初めて教会に来た人は心底驚くのです。

世の常識を遥かに超えるキリストとの出会いには、必ず驚きがあります。いや、その驚きが必要なのです。その驚きこそが、イエス・キリストという方が何者なのかを深く知るためのきっかけになり、信仰を歩み出すためのはじめの一歩となるのです。

今朝与えられました聖書は、マルコによる福音書において、弟子たちの召命物語に続く、イエスの公生涯最初の活動を報告している物語です。イエスはここで、汚れた霊に取り憑かれた男を癒します。これはいわゆる奇跡物語ですが、今日は特にこの奇跡そのものよりも、イエスの御業に触れた人々が、いったいそこでどのような反応を示したのかということに注目をしたいと思っています。

まず二二節。ここには、安息日に会堂でイエスの教えを聞いた人々が「非常に驚いた」ということが記されています。イエスがここでどのようなことを語ったのかは記されていません。しかしとにかく、そこで、イエスの言葉を聞いて非常に驚いた人々がいたことをマルコは伝えているのです。

また二七節では、汚れた霊を一言で追い出してしまったイエスに対する人々の反応が記されています。ここでもやはり、「人々は皆驚いた」ということが記されています。私たちがまず覚えたいことは、イエスが最初にその言葉を語り、その御業を公に現されたとき、そこで初めてイエスと出会った人々は、だれ一人として例外なく「驚いた」と記されているということです。

もちろん、この驚いた人々の中には、イエスの弟子たちもいたことでしょう。しかし、ここで驚いている人々の多くが、その後イエスをののしり、嘲るのです。弟子たちの中にも、イエスを裏切る者、イエスとの関係を否む者がいたことを私たちは忘れることができません。イエスの御言葉と御業に触れ、多くの者が驚いた。しかし、その「驚き」というきっかけを自らのものとし、イエスこそ私の救い主だという告白に結びつけられた人、そこに希望を見いだして、イエスに従い生きていくことができた人々というのはそれほど多くはなかったのです。同じ御言葉と御業に触れ、人々は皆同じように驚いたにもかかわらず、ある者はそこからイエスをキリストと告白する道を歩み、ある者はそこからイエスに唾を吐き捨てる道を歩むようになる。いったい何が、彼らの道を分けたのでしょうか。

一つの驚きをきっかけに、全く新しい世界を見つけた人といえば、私は京都にある同志社を創立した新島襄を思い出します。彼は二一歳のときに鎖国時代の国禁を犯して脱国し、幕末から明治にかけて一〇年間、アメリカでの学びを重ねました。彼はアメリカに行ってからホストファミリーとなったハーディー家の人々に、自分がなぜアメリカにやって来たのかを伝えるため、『脱国の理由書』（『現代語で読む新島襄』丸善、二〇〇〇年）と題した手紙を書きました。新島はその中で、日本にいたときに、ある一冊の本と出合い、その本を通して自分の人生が大きく変わったのだということを伝えています。その本とは、『連邦志略』というアメリカの地図書でありました。この『連邦志略』は、後に新島が宣教師として派遣されていく、アメリカン・ボードの宣教師ブリッジマンが書いたものでありましたが、そこには、アメリカでは国民が選挙で大統領を選ぶということをはじめとして、当時の日本では想像すらできなかったようなさまざまな制度が、アメリカでは当たり前のこととして実施されているということが記されていました。新島はこのことに非常に驚き、『脱国の理由書』の中で次のように綴っています。「脳みそが頭からとろけ出そうになるほど驚嘆した」(一八六五年一〇月)。

この驚きは尋常ではありません。新島は『連邦志略』という一冊の本を通して、これまでの人生観や常識が全くひっくり返されるような驚きを経験したのです。そして、彼は脳みそが頭からとろけ出そうになるようなその驚きを、放っておくことができなかった。その驚きを自らのものとしたい。そんな国が本当にあるのか。その国をこの目で見たい。その歴史を知りたい。肌で感じてみたい。その深い探究心と、そこに初めの一歩を踏み出していく勇気が、彼の足を、国禁を犯してでもアメリカへと向かわせたのです。そして、彼は本当に見たのです。本当に知ったのです。今までに見たこともなかった、全く新しい世界を。彼は一つの驚きを単なる驚きでは終わらせなかった。驚きを探究心に変え、更にはその探究心を、自分の殻から出て新しい世界を切り開く、勇気ある一歩につなげることができたのです。

イエスの御言葉と御業に触れた人々は皆非常に驚いた。しかし、多くの人々は、その驚きを深めようとは思わなかった。わずかな人々だけが、その驚きをきっかけにして、イエスのことをもっと知りたいと願い、その後に従っていく道を選んだのです。そして、そのような人々が新しい世界を見た。イエスこそ私たちのキリスト、救い主であるという新しい信仰の告白に、彼らは導かれていったのです。

ところで、イエスの御言葉と御業に触れた人々の、あの驚きとは何だったのでしょうか。このことを理解するためのキーワードは「権威」という言葉でしょう。二二節には、イエスが「律法学者のようにではなく、権威ある者としてお教えになったから」人々は驚いたのだということが伝えられていますし、二七節にも同様の反応が記されています。当時の律法学者たちは、歴史的に名高い律法学者たちの権威を借りて、自らの言葉を権威づけていたと言われています。「学者Aは○○と言ったと学者Bは言っていた」という風に、人の権威をいくつも重ねていくことで、自らの言葉に重みを持たせていたのです。しかし、イエスはその律法学者たちのようにではなく、真に権威ある者として御言葉を語りその御業を行った。人々の驚きは、このイエスの真の権威にあったのだと聖書は伝えているのです。

では、いったいイエスの何が、真の権威だったのでしょうか。人々はイエスのどのような言葉を聞いて、それが借り物の権威ではなく、真の権威であると思ったのでしょうか。今日の箇所の少し前に、そのヒントとなる言葉が記されています。マルコによる福音書の一章一五節です。そこには、イエスがガリラヤで伝道を始めたとき、その第一声に次のような言葉を語ったと記されているのです。「時は満ち、神の国は近づいた」。律法学者がこれを語ると次のようになったのでしょう。「学者Aは神の国が近づいたと言った、と学者Bは言っていた」。しかし、イエスがそれを語るとこうなるのです。「時は満ち、神の国は近づいた」。

この神の時の到来は、本来神のみが知っていることでありました。しかし、イエスはそれを自らの言葉で宣言したのです。イエスは神の独り子であり、神からそのすべての権能を授かっていた。だからイエスは、神のみが語り得ることを、自らの言葉をもって大胆に宣言することができたのです。人々が驚いたイエスの権威とはそういうことでありました。借り物の権威、借り物の言葉、見せかけの力ではなく、イエスの言葉と行いには、真の権威、真の言葉、真の力が宿っていた。イエスの言葉は、今までにないリアリティーを持って、人々の心に届いていた。だからこそ人々は驚いて、「これは、権威ある新しい教えだ」と口々に言ったのでした。

しかし、そのことに気づいた人々でさえ、その多くがイエスを救い主だと告白するには至らなかった。驚きを驚きで終わらせ、気づきを信仰に深めていこうとしない人々がそこにいたのです。

本日の第一日課、申命記の三〇章一四節には、「御言葉はあなたのごく近くにある」という大変印象深い言葉が記されています。御言葉は私たちのごく近くにあるのです。私たちを信仰に導く御言葉、私たちを信仰へと導くきっかけは、あなたのごく近くにある。キリストの御言葉に触れ、その恵みに触れたあなたは、世の常識を超えたその教えにときに驚くでしょう。戸惑うでしょう。しかし、その驚きの中に、その戸惑いの中に、あなたのごく近くにこそ、私たちを信仰へと導く神の力が秘められているのです。

今日、初めて礼拝に出席をしたという方、教会に来てまだ間もなく、聖書の言葉も、礼拝の意味も、まだあまり分からないという方がここにいるかもしれません。一つひとつのことに驚いたり戸惑ったり、あるいは驚くことも戸惑うこともできないほど、何が何だか分からないと思っている人がここにいるかもしれません。でも、安心してください。それでいいのです。その驚きや躓きは、キリストとの出会いにおいて必ず起こることなのです。何も分からないところからすべてが始まるのです。ただ、そこに深い探究心も持つこと、信仰という世界に足を踏み入れてみようと、勇気あるはじめの一歩を踏み出してみること。それだけは大切です。あなたはやがて、そのはじめの一歩の中に、私たちの救い主であるイエス・キリストが共にいてくださったことを知るでしょう。

もう長年教会に来ているという方、あなたは日々新しい驚きを持って、キリストの御言葉を聞いているのでしょうか。日々新鮮な思いを持って、この礼拝に臨んでいるのでしょうか。神は私たちには計り知れないのです。だから私たちは、この地上に生きる限り、いつまでもどこまでも、新しい神の恵みに驚きつつ、気づかされ、感謝していく者になりたいと思うのです。

そんな話は私には関係がない、私にかまわないでくれと思う人がいるかもしれません。イエスはそこでこう言うでしょう。「黙れ、悔い改めよ。神の国は近づいたのだ」。

この力あるキリストの御言葉が、頑な私たちの心を打ち砕いてくださいますように。私たちが守るこの礼拝が、ここに集う一人ひとりの心に、いつも驚きを与えるものとなりますように。その驚きが、単なる驚きや、戸惑いや、躓きに終わらず、深められ、一人ひとりの信仰を養うものとなりますように。そこで、権威あるキリストに出会い、新しい神の恵みに日々出合っていくことができますように。そう心から願いつつ、今、共に祈りを合わせたいと思います。

（二〇一四年一月二六日、霊南坂教会朝礼拝説教）

ばらまき

マルコによる福音書四章一―九節
コヘレトの言葉一一章四―六節

大学院に在学中に、私はあるキリスト教主義学校で聖書科の非常勤講師をしていました。この学校では毎朝全校礼拝をしておりまして、私も月数回説教を担当していました。毎日何百人という生徒が礼拝を守り御言葉に触れている。そう聞けば実に聞こえのいいものでありますが、実際にその礼拝がどれほど充実していたのかと問われれば、自らの力不足も含めて多くの課題があったことを思わずにはいられません。

考えてみれば、学校は教会とは違って、主体的にキリスト教を求める人が多く集まる場所ではありません。ですからそこには、教会にはない学校特有の課題というものがあるのです。キリスト教を主体的に求めない人々に、いかにしてキリスト教を伝えるのか。御言葉を主体的に求めない人々に、いかにして御言葉を語るのか。こうした課題を突き付けられるたびに、私は虚しさと歯痒さを覚えながら、しかしその虚しさと戦って、なお与えられた場に立ち続けていたものでありました。

もしかするとイエスもまた、私と同じような思いを持って群衆の前に立っていたかもしれません。イエスは湖のほとりで教え始められました。するとそこに、おびただしい数の群衆が集まってきます。イエスは、そのあふれるほどの群衆に押しやられるかのように船に乗り、そこからさまざまなことを語りました。私は思うのです。このおびただしい群衆たちは、本当にイエスの御言葉を求めて集まってきた人たちだったのだろうかと。

今日の箇所の直前には、イエスの不思議な業を見た人々の反応が記されています。その反応のほとんどは、イエスに対して批判的なものであったのです。ある者は、イエスのことを「気が変になっている」と言いました。中にはイエスの不思議な業に興味を持った人もいたかもしれませんが、それは、野次馬のようなもの、何が何だかわからないけれども、とにかく大勢の人が集まっていることに興味を持ち、その後を追ってきたという人たちであったと思います。つまり、別に御言葉を求めてイエスのもとにやってきたわけではないという人々がここには大勢いた。マルコによる福音書の文脈から考えれば、そのように想像をすることができるのです。

当時はマイクなどありません。おびただしい数の群衆に対してイエスは肉声で語ったのです。この出来事の舞台となっているガリラヤ湖は、時折大変強い風が吹くところでありました。風が吹けば人の声もかき消されてしまう。だからきっと、イエスはここで腹の底から大声で群衆に語りかけたことでしょう。

イエスを批判する人々や、イエスに興味本位で近づく人々、何が何だか分からないまま湖畔まで来た野次馬たちもそこにいた。「なんて退屈な話だ」。そう愚痴をこぼして隣の人と話したり、眠りこけてしまう人々もいたかもしれません。しかし、イエスはそのような人々を前にしても、怯むことなく、大声でその御言葉を語ったのです。このイエスの姿には虚しさのかけらもありません。そこにあるのは、神の栄光を語り聞かせるイエスの情熱であり、聞く気のない者に、聞きなさいとなお語りかける、イエスの力強い愛であるのです。

イエスは「よく聞きなさい」という言葉で語り始め、「聞く耳のある者は聞きなさい」という言葉で締めくくっています。この「聞きなさい」という言葉ですが、これは原文によれば、単なる命令口調や強制的な言葉として語られているものではありません。この言葉は、「あなたがたは聞くべきである」「聞いたほうがよい」という、薦めの言葉としてのニュアンスを持っているのです。ここには、語る者の強い願いと温かな祈りが込められているとも言えるでしょう。

イエスはなぜこれほど情熱的に、そしてまた温かく語るのでしょうか。それは、その言葉をしっかりと聞き、また味わうことの先に、これまでに経験したこともない大きな喜びが待っているからです。これまでの常識を超えた、三〇倍、六〇倍、一〇〇倍にもなるその喜びを、その実りを、自分と出会ったすべての人々に伝えたいのです。

イエスはそこで、「種を蒔く人のたとえ」を語りました。これは実に分かりやすい話です。ただ、私たちにとって引っかかることがあるとすれば、それは、この種蒔く人の種の蒔き方であるかもしれません。ある人が種を蒔いた。けれどもその種のいくつかは道端に落ち、いくつかは石だらけで土の少ない所に、またいくつかは茨の中に落ちてしまった。なぜこんなにも、適当にばらまくような蒔き方をしているのか。もっと効率よく良い土地と思われるところにだけ種を蒔けばいいではないかと私たちは思うのです。しかし、興味深いことに、イエスの言葉を聞くこの当時の人々にとっては、このイエスの言葉は実によく分かる、共感できる言葉であったようです。

当時の人々は多くの実りを期待して、両手を大きく広げて広範囲に種を蒔いていたと言われます。しかも、土を耕す前に一面に種を蒔き、それから鋤を入れて、種をより深くに埋めていったそうなのです。これが当時の農耕の基本でありました。鋤を入れていくうちに、ある種は道端に飛んでいってしまうということもあった。鋤を入れてみると、そこには石ころがたくさん埋まっているということもあった。しかし、ある種はしっかりと土の深くに埋められて、そこから芽が出てくるということもまたあったのです。そのわずかな実りを期待して、人々はばらまくように種を蒔いていた。ですから、イエスの言葉を聞く当時の人々にとって、このたとえ話は実に身近な話であったのです。

この言葉を聞いた人々は、うなずきながらイエスの言葉に共感をしたことでしょう。しかし、彼らはこの話の最後に、耳を疑いたくなるような、驚くべき言葉を聞くのです。「良い土地に落ちた種は、育って実を結び、三〇倍、六〇倍、一〇〇倍にもなった」。人々は思ったことでしょう。「そんな素晴らしい種があるならば、私もその種を手に入れたい。一〇〇倍もの実りがあれば、すべての労苦が、すべての失敗が報われるではないか。それはすごい話だ」。

どれだけの人々がこのたとえ話の意味に気づいたでしょうか。このたとえを通して、人々が魅力的だと感じていたその種は、実はイエスが語っているその場所に、このおびただしい群衆の目の前に、今御言葉を聞く私たちの目の前にあるのです。すべての労苦と失敗に報いて、そこに一〇〇倍もの喜びの実りをもたらしてくれるというその種は、まさに今私たちが聞いている、このイエスの御言葉そのものであるのです。

このたとえには二つのメッセージが込められていると言えるでしょう。一つは、日々私たちに与えられている御言葉を、私たちはどのように聞いているのかという問いです。種蒔く人は、この世界に広く御言葉の種を蒔いておられる。礼拝の御言葉を中心として、しかしそれはときに、人との出会いを通して、あるいはまた苦難や喜び、そうしたさまざまな出来事や経験を通して、私たちの日常に蒔かれ続けているのです。このたとえ話にある種蒔かれるさまざまな土地は、御言葉を受け取る私たち一人ひとりのことを指しています。私たちは日常にあふれる御言葉の種を、どのように受け入れているのか。そのことがここで問われています。

このたとえに込められた第二のメッセージは、あなたがたもまた、神と共に、イエスと共に世に広く福音の種を蒔く者になろうという招きのメッセージです。イエスの言葉を聞くおびただしい群衆の中には、イエスの弟子たちもいました。イエスは弟子たちにもこのたとえ話を聞かせたのです。私たちは御言葉の種を自らの内で育てるだけでなく、その種が素晴らしい実りをもたらしてくれることを知ったなら、その良き知らせをイエスと共に、更に多くの人々に伝えるようにと召し出されているのです。

イエスはおびただしい数の群衆に御言葉の種を蒔いた。私たちが、そんなのは非効率だ、もっと確実な実りを得るために見込みのある所にだけ種を蒔けばよいと思っても、イエスはそこら中にばらまくかのように、御言葉の種を蒔き続けたのです。聞く耳を持たぬ人々、イエスに対して批判的な人々、何の理解も興味もなく、偶然そこに居合わせていた野次馬たちにさえも、イエスは「よく聞きなさい」「この言葉を聞いた方がよい」と言って、情熱的に、また温かく語り続けられたのです。これが、教会が大切にすべき、伝道の基本姿勢でしょう。

初めに、私の非常勤時代の話をしました。御言葉を聞く気もない人々に御言葉を語るのは虚しいことだと言いました。確かに私はそう思っていました。しかし実は、あの話にはまだ続きがあったのです。ある日、私宛に一通の手紙が届きました。差出人は、かつて私が授業を受け持っていた生徒でした。「吉岡先生お久しぶりです。先生が授業の中で話してくれた種蒔きのたとえの話、今になって少し意味が分かるようになった気がします。聖書のことなんて初めは興味もなかったしよくわからなかったけれど、高校を卒業して、毎朝の礼拝も聖書の授業もなくなって、あのとき私は本当に多くの聖書の言葉に慰められ、励まされていたのだなと気づかされました。今、私は大学に通っていますが、その大学には礼拝や聖書の授業がないので、もの寂しくなって家の近くの教会に通っています。先日、牧師先生から洗礼を勧められて今考え中です。私に蒔かれたキリストの種は果たして一〇〇倍の実を結ぶのでしょうか。自分でも楽しみです。お祈りくださ い」。

この生徒から、まだその後の連絡はありません。しかし、私はこの手紙を読み返すたびに祈りつつ、御言葉の種の不思議さと力強さに気づかされるのです。私の虚しさを超えて、その種は生き続けていた。そして今、小さな芽を出そうとしている。御言葉の種がどのようにして実るかは、本当に神のみが知っていることであるのだと思わされるのです。

「私の御言葉の種を豊かに育てなさい。そしてまた、その御言葉の種を世の人々にも分け与えなさい」。イエスは今日も私たちに語りかけています。この人に見込みはあるか。この人なら良い実を結んでくれるだろうかと心配をする必要はないのです。いつどこで、どんな実りがあるのか。それは私たちには分からない。それは神が備えてくださるものなのです。だからこそ私たちは、キリストの証人として、怯むことなく、虚しさを感じることもなく、それらを超えてただひたすら種を蒔き続ければいいのです。自らの生き方や言葉を通して、出会うすべての人々に福音の種を蒔き続けていけばいいのです。

最後にもう一度、今日の第一日課、コヘレトの言葉を胸に刻みましょう。「風向きを気にすれば種は蒔けない。雲行きを気にすれば刈り入れはできない。妊婦の胎内で霊や骨組みがどの様になるのかも分からないのに、すべてのことを成し遂げられる神の業が分かるわけはない。朝、種を蒔け、夜にも手を休めるな。実を結ぶのはあれかこれか／それとも両方なのか、分からないのだから」。

（二〇一四年二月一六日、霊南坂教会朝礼拝説教）

分からんでいい

マルコによる福音書八章二七—三三節
イザヤ書四八章一—八節

私たちは今、イエス・キリストの受難を覚える、レント・受難節の時を歩んでいます。イエス・キリストが私たちの罪のために十字架を担ってくださった。その意味を深く覚えるために、そしてまた、その恵みに感謝し応えて歩むために、私たちはこの時を自らの歩みを悔い改める時として過ごすのです。

悔い改めるということは、自らの生き方や価値観が、それまでのものとは全く変えられていくということです。我が道を歩んでいた人が、キリストの道を歩むようになる。そうした転換点には、悔い改めというものがあるものです。そのため、この悔い改めを求めるレントの時は、キリストの道を歩むということを深く考える時であり、教会の歴史においては、洗礼の準備期間として大切にされてきました。

こういうことを言うと、洗礼を受けるにはどれほど深い学びと準備が必要になるのかと、洗礼のハードルを上げてしまうかもしれませんが、私の経験を聞いて安心してください。私が洗礼を受けたのは大学一年生のときでありました。神学部に通う身でありながら、私はまだ洗礼を受けていなかったのです。祖父が牧師、両親がクリスチャンという家庭に生まれた私は、物心がついたときから教会に通っていました。しかし、教会にはあまり良い思い出はなかった。日曜日に友達と遊びたくても遊べない。何よりも、宗教は怪しいというレッテルが社会に広くあった。そのような状況の中で、私は教会やキリスト教に対する強い反発心を抱いていたのです。しかし不思議なことに、教会学校に通っていたときから聞かされていた一つのことだけは、私の心の中にずっと響き渡っていたのでした。それは、イエスはいつも私と一緒にいてくれるということでありました。

神学部での学びもあって、私の反発心は少しずつ和らいでいきます。何か劇的な出来事があったというわけではありません。しかし私は、大学一年生のある日思い立って、当時同志社教会の牧師であり、私の祖父でもある佐伯幸雄牧師にこんなことを話したのです。「小さい頃から、イエスがいつも一緒にいてくれるという話を聞いてきた。そのことは、信じるとか信じないとかではなくそういうものなのだと自然に受け入れてきた。でも、そのイエスは見えないし、声も聞こえない。そう考えるとよく分からなくなってくる。十字架とか復活とか、そのことの意味も全然分からない」。今思えばまだまだ、反発心に満ちた言葉でありました。

しかし祖父は、そこで驚くべき言葉を語りました。とても小さな声で、しかし真剣な目をしてこう言ったのです。「今はまだ分からんでいい。イエスがどうやって君を救ってくれるのかとか、十字架がどうだとか、そんな難しいことは今は分からんでいい。後で分かる時が来る。信仰生活を深めていかなければ分からないこともあるんや。君は今、イエスが一緒にいることは自然と受け入れてきたと言ったね。それで十分やないか。そこから、信仰生活が始まるんや」。私はこの言葉を受けて、洗礼を受ける決意をしました。自らの内にあった頑な思いが、解き放たれたように感じたのです。

信仰の初めがそんなことでいいのか。分からなくていいのか。そう思う人がいるかもしれません。しかし、あのイエスの弟子たちでさえも、初めは何も分からぬままイエスを主と告白し、その信仰の旅路を始めたのです。

この舞台は、ガリラヤ湖の北二〇キロメートルのところにある、フィリポ・カイサリアというところです。イスラエル地方と言えば、私たちは荒れ野や砂漠をイメージするかもしれませんが、このフィリポ・カイサリアには、あらゆるところからこんこんと、冷たく澄んだ水が湧き出ています。その水の流れはヨルダン川の水源の一つとなり、今も枯れることなくイスラエルの地を潤し続けているのです。今風に言えば、パワースポットとでも呼べるところかもしれません。実際イエスが生きた当時も、その地には異教の神々を拝むさまざまな神殿が建てられ、多くの異教徒たちが、巡礼のためにその地を訪れていたのです。

イエスは、あえて弟子たちをそのような地に連れていきました。そして、異教徒が行き交うそのただ中で、弟子たちにこう問いかけたのです。「あなたがたはわたしを何者だと言うのか」。不思議な業を行い、力ある御言葉を語ったイエスのことを、人々は洗礼者ヨハネだとか、エリヤだとか、預言者の一人だと言っていたようです。普通の人ではない、何か特別な力を持つ方であるのだということは多くの人々が認めていたのです。しかしだれも、イエスのことを救い主だとは言わなかった。そこで、イエスは弟子たちに聞くのです。「それでは、あなたがたはわたしを何者だと言うのか」。弟子たちを代表してペトロが応えます。「あなたは、メシアです」。ペトロはここで、「イエスこそが私の救い主だ」と信仰の告白をしたのです。

ところが、イエスはご自分のことをだれにも話さないようにと弟子たちを戒められました。いったいなぜでしょうか。その一つの理由が、三一節以下に記されています。ここでイエスは、ご自分がこれから歩まれる受難の道を事細かく弟子たちに伝えています。いろいろな言葉がありますが、一際目立って私たちの目に飛び込んでくるのは、「殺される」という言葉ではないでしょうか。愛する師であり愛する主であるイエスが殺される。イエスはここで、三日目に復活をするとも言っているのですが、弟子たちの耳にその言葉は届いていなかったかもしれません。「殺される」というあまりにも強烈な言葉に、弟子たちは混乱したのです。なぜあなたが殺されなければいけないのか。ペトロはそう思いながらイエスを脇へ連れていき、いさめ始めるのです。

つい先ほど、立派に信仰を告白したペトロです。しかし、ペトロは何も分かっていなかった。まさか、イエスが自らの命をささげ、殺されて、それが自分の救いになるなんて、ペトロはこのとき考えることもできなかったのです。

「そんなことがあってはならない」といさめようとするペトロに、イエスはこう言います。「サタン、引き下がれ」。「ペトロを叱って言われた」と記されている通り、これは大変強い口調で語られています。しかし私は思うのです。イエスはここで、本当にペトロを叱ったのでしょうか。「そんなことも分からんのか。それではお前は弟子失格じゃ」。イエスはそのようにして、ペトロを叱ったのでしょうか。表面上はそのように映ったかもしれません。しかし、イエスはここで、「サタン、引き下がれ」と言っているのです。つまりそれは、ペトロを叱ったというより、ペトロの内に働くサタンを叱ったのだということではないでしょうか。

サタンというのは、人を惑わす存在です。見るべきものを見させないようにする存在であるとも言えるでしょう。神の光に照らされ、真理と希望に満ちた道を指し示されているのに、躓き、倒れ、そのことが見えなくなってしまう。そうしたところに、サタンの働きというものがあるのです。

いずれにしても、このときの弟子たちはまだ、イエスが救い主であるということの本当の意味を知りませんでした。イエスこそ救い主であると告白していても、何をもってイエスが自分たちを救ってくれるのか。弟子たちはまだそのことを知らなかった。イエスの死の意味も、十字架の意味も弟子たちはまだ知らなかった。だからイエスは、救いの本質を知らぬ彼らに、「御自分のことをだれにも話さないように」と告げられたのです。

人を導くにはまだ早い。もう少し理解を深めなければならないことがある。そのようなイエスの心が、この三〇節に表されていると言えるかもしれません。しかしそれは、イエスが弟子たちに落胆したということではありません。イエスはご自分のことを救い主だと告白した弟子たちを喜んで受け入れ、彼らが本当の意味で信仰に生き、その信仰を人々に伝える者になれるようにと、ここからさまざまな仕方で彼らの内に働きかけるのです。イエスは、彼らの信仰を妨げるサタンを打ち倒してくださる。そしてまた、十字架へと向かわれるご自分の姿を通して神の御業を果たされる。そして更には、復活と昇天、聖霊の派遣によって、人々の内に真の信仰が宿るようにと働き続けてくださるのです。弟子たちは後に、立派な伝道者になります。しかしそれは、彼らの知恵や力によるものではなかったでしょう。すべては、神が整え備えてくださったものであったのです。

よく、洗礼について思いを巡らせている人がこんなことを言います。「キリスト教のことは好き。イエスのことも好き。聖書にも共感できるところはある。でも、私はまだ何も分からない」。まるで、かつての私のように言うのです。しかし考えてみてください。イエスが初めに弟子にした人々、彼らはガリラヤ湖で働く漁師でした。イエスは彼らに「沖へ漕ぎ出してみなさい」と言い、彼らはその言葉に従って沖へ漕ぎ出し、網を打ち、思いもよらぬ多くの収穫を得たのです。もし、彼らが沖に漕ぎ出さなかったらどうなっていたでしょうか。そこにどんな収穫があるか分からないから、何も分からないから沖へ漕ぎ出すのではなく、湖畔で目を細め、湖をただ眺めている。もし、彼らがそのような行動をしていたら、そこには何の収穫ももたらされないのです。イエスの御言葉を信じ、その御言葉にすべてを委ね、とにかくその先に何があるか分からないけれども沖に漕ぎ出してみる。そこでこそ、私たちの思いを遥かに超えた大きな収穫、大きな喜びに出合えるのです。

信仰とは、まさにそのようなものではないかと思います。その先に何があるのか、湖畔で眺めていても何も実りはないのです。あるのは、「沖へ漕ぎ出せ、安心しなさい、私があなたと共にいる」と招き続けてくださるイエスの御言葉だけなのです。その御言葉を信じ、大海原へと飛び込んでみる。沖へ漕ぎ出してみる。「イエスこそメシア」と告白し、信仰の世界に飛び込んでみる。その一瞬の勇気の先に、想像を超えた多くの実り、新しい世界、新しい人生が開かれていくのです。

イエスは今日も、あなたを招いています。あなたがイエスをメシアと呼ぶ日が来ることを、イエスは今日も願っています。そのために、イエスは働かれます。あなたの信仰の芽生えを妨げられることのないように、あなたの内に働くサタンと戦い、そこに信仰の目を開かせる聖霊を注いでくださいます。私たちはこの神の働きによって信仰に生きる者とされ、そこから少しずつ、キリストの十字架と復活の意味を味わっていく者とされるのです。

今はまだ分からないままでもいい。イエスがいつもあなたと共にいることさえ受け入れるならば、そのことがあなたの力となるならば、あなたの励みとなるならば、あなたの希望になるならば、それで十分なのです。後のことは大丈夫。すべて、主が備えてくださることでしょう。さあ恐れずに、勇気を持って、信仰の大海原へと、ここから共に漕ぎ出していきましょう。

（二〇一四年三月二三日、霊南坂教会朝礼拝説教）

私たちの礼拝

マルコによる福音書一〇章三二―四五節
哀歌三章一八―三三節

私たちにとって礼拝とは、なくてはならないものです。毎週教会に来て神を賛美する、神に祈る、そして神から慰めと希望に満ちた御言葉をいただき、再びそれぞれの日常の生活へと遣わされていく。このサイクルが、苦難や喜びに満ちてアップダウンを繰り返す私たちの人生を日々新たにし、絶えず私たちの命を豊かに養ってくれるのです。このサイクルの要となるのが、週の初めに守られる礼拝です。だから礼拝は、私たちの人生にとってなくてはならないものなのです。社会の中で落胆したり、自信を失ったりする私たちをもう一度立ち直らせてくれるもの。それが、礼拝であるのです。

私たちは今礼拝を守っていますが、礼拝堂の一番目立つところには大きな十字架が掲げられています。私たちは、この十字架を見上げながら礼拝を守る者です。そうであるならば、この十字架の意味を知らなければ、礼拝は始まらない。礼拝は私たちのものとはならないと言うことができるでしょう。この十字架は単なる飾りでしょうか。そんなはずはありません。ある有名な礼拝学者はこんなふうに言いました。礼拝において最も大切なことは、神の愛と、その愛が示すイエス・キリストの恵みを、さまざまなシンボルを通して想起することである、と（岸本羊一『礼拝の神学』）。想い起こすのです。御言葉を聞いて、賛美をして、祈りをささげて、この十字架を見つめて想い起こすのです。神が私たちに何をしてくださったのか。そして、そのことを想い起こし、そこに示される神の愛と恵みに気づかされたならば、私たちはいても立ってもいられなくなる。この愛と恵みに私たちはどうやって応えていったらいいのか。どうやって、この深い感謝の思いを表していったらいいのか。私たちはそのことを深く考え、この礼拝の場からまた新たな思いを持って歩み出す者となるのです。そうして私たちの内に、毎週何か新しい変化がもたらされる。それが礼拝というものなのです。

今朝与えられました聖書は、イエスがいよいよ十字架への道を歩み始めるためにエルサレムへと上っていく、その途上での出来事を伝えています。イエスは弟子たちを引き連れながら、その先頭に立ってエルサレムへの道を歩きました。しかし、弟子たちはそれを見て驚き、従う者たちは恐れたのだということが三二節に記されています。「弟子たち」という言葉と、「従う者たち」という言葉がありますが、これはどちらも同じ人たちのことを指していると理解していいでしょう。いずれにしても、ここで驚き恐れている人々は、イエスの後に従っていこうとする人々であるのです。

彼らはなぜ驚き恐れたのでしょうか。いろいろなことが想像できます。このときすでにイエスは多くのユダヤ人や祭司たち、そしてまた律法学者などと対立関係にありました。イエスの言動や行動に、ユダヤ社会に生きる多くの人々が嫌悪感を覚えていたのです。そのような状況にもかかわらず、イエスは弟子たちの先頭に立って、エルサレムへの道を勇みゆく。エルサレムと言えば、そこはユダヤ人たちの都であり聖地でありました。ユダヤ社会の権力者たちが、そこには大勢いる。いわばイエスは、彼に嫌悪感を覚え、彼に憎しみや恨みを抱いている人々のところに、その本拠地に乗り込んでいこうとしているのです。

あるいは、このときのイエスの表情やイエスが醸し出す空気に、弟子たちは驚き恐れたのだと考えることもできます。イエスはこのとき、ご自分の死を宣言しています。今勇みゆくこのエルサレムへの道が、ほかならぬ受難の道、十字架への道、ご自分の死へと向かう道であることをイエスは理解していたのです。その決意と覚悟を持って、イエスは弟子たちの先頭を歩くのです。イエスの目は血走っていたかもしれない。見たこともないような険しい表情をしていたかもしれない。弟子たちは、その姿に驚きと恐れを覚えていたかもしれません。

いずれにしても、ここでまず私たちが知るべきことは、イエスの御後に従うということは、いつも驚きと恐れを伴うものであるのだということです。しかし同時に、私たちは気づかなければならない。ここに描かれているイエスと弟子たちとの間には明らかに温度差があるのです。イエスのパッション。イエスの受難。その中に燃え上がるイエスの情熱。この熱きまなざしと、そこで歩みを共にしようとする弟子たちとの間には、明らかな温度差があるのです。この温度差が、弟子たちの驚きと恐れを生み出しているのです。

かつてこの教会で、二六年間牧会をされた飯清牧師が、その牧会一〇年間の中間総括として、次のような文を残しておられます。これは一九七一年に書かれたもので、霊南坂教会創立から九二年を迎えたときのものです。

「霊南坂教会もようやく九〇歳を超えた時、キリスト教会二〇〇〇年の歴史から見れば、ほんの幼児期に過ぎないのですが、『体質改善』を必要とする老化現象が至るところに見えました。私は患部として四つのことを感じました。①聖書からの隔離、②祈りの欠如、③交わりの不足、④奉仕の乏しさ。この四つです。そしてこれらの老化現象の最大のものは第一点の『聖書によって生活していない』ことにあると考えました。聖書の中で本当に主イエスに出会うことができたなら、私たちの生活には必ず変革が起こってくる。そしてその時には必然的に内側から沸き上がってくる力によって、伝道にせよ、社会活動にせよ、奉仕にせよ、個々の会員がそのような働きや運動に、主体的な決断をもって参与するようになると確信しています。だから何よりもその原動力を得るために、その唯一の動力源の聖書に取り組むことを一緒にしたいと願いました」。飯先生はこのように記し、その後に続けて、教会生活におけるさまざまな取り組みについて具体的なことを書き記しておられます。

私は特に、この飯先生の言葉の中で、「聖書の中で本当に主イエスに出会うことができたなら、私たちの生活には必ず変革が起こってくる。そしてその時には必然的に内側から沸き上がってくる力によって、伝道にせよ、社会活動にせよ、奉仕にせよ、個々の会員がそのような働きや運動に、主体的な決断をもって参与するようになると確信している」という言葉に注目をします。先ほど、今日の聖書において、イエスと弟子たちとの間には温度差があると言いましたけれども、その温度差の一要因が、この飯先生の言葉によって明らかにされているのではないかと思うのです。

弟子たちはこのとき、イエスの本当の姿、イエスが歩まなければならない本当の道、イエスが自分にとって何者なのか、何をもってイエスこそ救い主であると言えるのかということを理解していなかったのです。そしてまた、そのことを理解していないからこそ、その恵みにどう応えたらいいのかも分かっていない。与えられ、救われた自らの命を、どのように用いていけば良いのかということを、彼らは分かっていなかったのです。その意味でこのときの弟子たちは、まだ本当の意味で、真の救い主であるイエスとの出会いを経験していないのだとも言えるでしょう。本当に出会うことができたなら、人は変えられるのです。驚きや恐れが、気づきや喜びになる。イエスに従っていくことの困難が、イエスとの本当の出会いを経験することによって、大きな喜びへと変わるということが起こるのです。

弟子たちはなお、的外れなことを言っています。「先生、お願いすることをかなえていただきたいのですが」。神の御心がどうこうということに先立って、彼らには自分の願いがまずあるのです。イエスは、そのような思いに支配されている弟子たちに対して、まずもってあなたがたがなすべきことは、イエスの受難、その情熱についていくことだと語られました。

イエスに仕えるということを、私たちの信仰生活に置き換えると、それは、祈りや献金や奉仕によって教会を支えていくということ、あるいはまた、世にあって隣人に仕え、大胆にその福音を宣べ伝えていくことだと言えるでしょう。しかし私たちは、そのことに多くの困難を覚えます。自分の生活で精一杯、家計のやりくりで精一杯、教会に行く時間もなかなか持てない。祈る時間もなかなかとれない。私たちは自分の生活を守るあまり、教会のことは二の次三の次になってしまうという経験をしているのです。そのことによって、さまざまな歯痒さや、後ろめたさを持っている方もいることでしょう。しかし、ここでぜひ皆さんに知ってほしいことがあります。イエスの後に従っていくということ、神に仕え、隣人に仕えていくということは、自分を犠牲にしてまでそれをささげていくということではないのです。お金が苦しい、時間が苦しい、肉体が苦しい、精神が苦しい、その苦しさを更に追いつめて、自分を粉々に打ち壊して教会に仕える。決してそれは、神が望んでおられることではないのです。

私たちが知らなければならないこと、それは、犠牲はイエス・キリストお一人で十分なのだと神が言ってくださっているということです。イエスは言いました。「隣人を自分のように愛しなさい」。「自分のように」というのですから、まず自分を愛せなければ、隣人を愛することもできないのです。自分を大切にしながら、自分の生活を守りながら生きるほかない私たち。しかし、その私たちをも神は愛してくださっていると聖書は伝えているのです。そしてまた、その私たちのために、イエス・キリストは十字架を担ってくださったのです。まず自分を愛して、自分の生活を大切にして、それでも、そんな私を愛し抜いてくださっている神に気づかされていく、そこで、私のために受難の道を歩んでくださったイエスに出会っていく。この本当の出会いがあってこそ、私たちは深い悔い改めと感謝に満ちて、自らの内から沸き上がる信仰として、真にイエスの御後に従っていく者になりたいと願うようになるのです。

祈りや、献金や、奉仕、そして伝道。イエスに託された使命は実に重い務めです。そんな立派な信仰生活ができるか。信仰者の生きるべき道を示されて、私たちは驚きと恐れを抱きます。しかし、そんな不信仰な私たちをも神は愛してくださっている。イエス・キリストの十字架によって赦してくださっている。私たちはそのことに気づかされて、驚きを恵みとし、恐れを信仰へと変えていくことができるのです。その変革をもたらしてくれるのが、礼拝です。礼拝を通して説き明かされる聖書の御言葉です。私たちはこの礼拝を通して、私たちの内になお働き続けるキリストに出会い、全く新しい者へと変えられるのです。

この礼拝が、本当に豊かなものになるために、この礼拝が、本当に私たちにとってなくてはならないものになるために、祈ってください。御言葉を語る者のために、この礼拝を準備するすべての者のために祈ってください。会衆一同の深い祈りによって、この礼拝は真に力あるものとなる。この礼拝が私たち一人ひとりを週ごとに変革させてくれるときとなるでしょう。私はそう確信しています。

（二〇一四年四月六日、霊南坂教会朝礼拝説教）

悲しみの先に

ヨハネによる福音書一六章一二―二四節
創世記一八章二三―三三節

私ごとでありますが、わが家には間もなく第三子が生まれようとしています。妻のお腹も大きくなって、身を起こすときも歩くときも、いつもそのお腹を重そうにしながら、しかし大切に抱えて行動しています。「産みの苦しみ」と言いますが、母の苦しみは産む瞬間だけでなく、その命を授かったそのときから、もうすでに始まっていることを思います。

つわりというものがありますし、ホルモンバランスが崩れることによって、精神的にも課題を抱えます。やりたいこと、食べたいもの、そうした趣味も、母は胎児のために控えなければなりません。何よりもお腹が日に日に重くなる。母はその重荷を一手に引き受けて、およそ一〇か月の時を過ごすのです。新しい命の鼓動とその喜びをだれよりも深く知る者だからこそ、母はこの苦しみを引き受け、それを乗り越えていくことができる。妻の姿を見ていて、そのようなことを思うのです。

イエスは弟子たちに「悲しみや苦しみは喜びに変わるのだ」と語っています。この場面は、イエスの十字架への道が間近に迫ったところです。イエスはここで、二つのことを意図してこの言葉を語っていると考えられます。一つは、イエスが間もなく十字架にかけられて死んでしまい、弟子たちとしばしの間引き離されてしまうのですが、その後にイエスは復活をして、再び弟子たちと再会をするのだということです。弟子たちはイエスの死を深く悲しみます。しかし、イエスは三日目に復活される。そのことによって弟子たちの悲しみは大きな喜びへと変えられるのです。

しかし、私たちは知っています。弟子たちが復活のイエスと過ごした日々は、ごくわずかな時でありました。イエスは復活の後、四〇日間弟子たちと共に過ごすのですが、その後、弟子たちを地上に残して、天に昇っていってしまうのです。弟子たちはそこで再び、愛するイエスと引き離される経験をし、悲しみと寂しさを覚えました。復活のイエスと再会して、確かに弟子たちの悲しみは喜びに変わったのです。しかしその喜びは、たった四〇日間の束の間の喜びであった。悲しみが喜びとなり、その喜びがまた悲しみになってしまう。上げられて、また落とされる。一度心を高く上げられた人たちが、直後に梯子をはずされたかのように落とされる。その落胆は、大変大きなものであったと思います。

私たちもよくこんな経験をします。人生が上手くいっているときには、神を豊かに感じます。

しかし、人生が上手くいかないときには、もはや自分には神の力が及んでいないのではないかと思うことがあるのです。私たちはそこで悲しみます。神に見放されたと思い込んで孤独を感じます。寂しさと絶望という心の痛みが、私たちを締めつけます。もしかしたら、イエスの昇天を経験した弟子たちも、そのような思いにかられたのではないかと思うのです。まるでジェットコースターに乗っているかのように、悲しみと喜びが、たった四〇日間の間に目まぐるしく入れ替わるのです。「イエス様、どうしてですか。私たちの悲しみは確かに喜びに変わりました。あなたが十字架の死から復活をされたからです。しかし、なぜ、あなたは私たちの前から再び姿を消してしまうのですか。あなたは天に昇っていかれ、私たちの前から消えてしまわれた。あなたは私たちを見捨てられるのですか。どうして、ずっと一緒にいてくださらないのですか」。弟子たちはそのように思って、イエスの昇天の出来事を、「神不在の時代への突入」と理解したのではないかと思うのです。

しかし、その悲しみの中に、その寂しさの中に、イエスは語りかけるのです。「悲しみは喜びに変わるのだ」と。このイエスの言葉は、二つのことを意図していると先ほど言いました。一つは、十字架と復活の間にある、弟子たちの悲しみと喜びでありました。ではもう一つのこととは何か。今、そのことが明らかになったのです。それは、イエスの昇天と再臨の間にある、弟子たちの悲しみと喜びです。弟子たちはイエスの昇天を、イエスとの別離だと受け止めます。もしかしたら永遠の別れだと思ったかもしれません。彼らはそこで深く悲しみます。しかしイエスは、その悲しみのためにも、すでに語っておられたのです。「あなたがたの悲しみは喜びに変わるのだ」と。気休めではありません。ここには、このイエスの言葉を確かなものとする一つの証拠、一つの約束が明確に語られているのです。

一二節、一三節をご覧ください。そこにはこう記されています。「言っておきたいことは、まだたくさんあるが、今、あなたがたには理解できない。しかし、その方、すなわち、真理の霊が来ると、あなたがたを導いて真理をことごとく悟らせる。その方は、自分から語るのではなく、聞いたことを語り、また、これから起こることをあなたがたに告げるからである」。この言葉によって、イエスは自らが昇天した後に、世に真理の霊、すなわち聖霊を遣わすことを約束されたのです。聖霊が降るまで、彼らにはこのことが理解できません。イエスが言う通り、弟子たちはそのことが理解できない。今日の箇所においても、イエスの一言一言に首を傾げ、「いったい何を言っているのか」と論じ合う弟子たちの姿が描かれているのです。「悲しみは喜びに変わる」と言われても、それが何のことなのか分からない。悲しみは悲しみでしかない。苦しみは苦しみでしかない。私たちも、そのような思いに捕らわれてしまう一人ひとりであることを思います。しかしイエスははっきりと言っているのです。あなたがたには、初めはこのことが理解できないだろう。しかし、真理の霊によって、聖霊を受けることによって、聖霊に満たされることによって、あなたがたはその意味を知るようになるのだと。

「あなたの悲しみは、あなたの苦しみは、必ず喜びに変わる」。そのように語りかけられて、皆さんはどのようなことを思うでしょうか。「大変美しい言葉だ。しかし、あまりにも非現実的すぎる」。そのように思う人がいるかもしれません。確かにそうです。東日本大震災のことを想い起こしても、あの悲しみが本当に喜びに変わるのだろうかと疑問に思います。愛する人を突然に亡くした人。その人の悲しみが喜びに変わるだなんて、あまりにも配慮に欠けた言葉である。その通りだと思います。出産の喜びを考えても、決してあの妊婦の苦しみが、出産の喜びに結びつくとは言い切れない。流産や死産を経験する人、出産によって命を落とす母親もいるのです。人生はそんな甘いもんじゃない。私たちはここでそう反論したくなるでしょう。イエスが言う通り、これは、私たちにとって理解に苦しむことであるのです。

しかし、ここで私たちは、反論したくなる自らの心を一度静めて、もう一度しっかりと、イエスの言葉に耳を傾けたいと思うのです。イエスはなんと言っていたでしょうか。聖霊に満たされなければ、このことは理解できないと言っていたのです。聖霊とは、神の力、神の働きそのもののことを表しています。あるいは、イエスの力、イエスの働きそのものであるとも言えるでしょう。神の声も、イエスの声も、その姿も見えない。イエスの昇天後、弟子たちも私たちも、そのような時代を生きているのです。しかし、その聞こえなくなった神の声、見えなくなった神の姿が、今は、イエスが派遣されると約束された聖霊の働きによって、なお私たちの世界に満ちているのです。聖霊を受けるとは、神の働きに自らを明け渡すということであり、神の御言葉を、心落ち着けてしっかりと聞くということと同義であると言えるでしょう。「悲しみが喜びに変わる」。そう言われて、あれこれと反発をしたくなる私たち。しかし、私たちはこの理解に苦しむ言葉を理解するために、聖霊の力を受ける必要があるのです。己の思い、反発したくなる思い、頑で神の御言葉に心を閉ざしてしまうそのような思いを、私たちは祈りつつ静め、解き放ち、もう一度耳を澄ませて神の御言葉を聞くのです。その冷静と平安に満ちた心の中で、私たちは霊性を養われます。聖霊の導きを受け、分からぬ言葉を分かる言葉として、喜べぬものを喜べるものとして、新たに受け入れることができるようになるのです。

さて、一度深呼吸をして、反発するその心を落ち着けてみましょう。そしてこの言葉をもう一度聞きましょう。「悲しみは喜びに変わる」。私たちはここで気づきます。それは第一に、悲しみの出来事が喜びの出来事になるという保証はない、ということです。イエスはここで、悲しみの出来事が喜びの出来事に変わるということを言っているのではない。愛する人が召されたとして、その愛する人が召されたことを、「ああよかった」と喜ぶ人がいたら、ちょっとそれは理解に苦しむことです。イエスはここでそういう変化を示しているのではない。

では何か。第二に気づかされたことは、悲しみは悲しみの出来事のままでも、その中に喜びを見いだすことはできるのだ、ということです。つまり、悲しみの中に、苦しみの中に、一つの意味を見いだすのです。悲しみが悲しみで終わるとき、苦しみが苦しみで終わるとき、私たちは大抵の場合、それをなかった方がよかった出来事として片づけようとします。自分にとって、それは無意味な出来事でしかない。ただ自分を悲しませ、苦しませる出来事でしかない。私たちはそのようにして、悲しみに蓋をし、悲しみを悲しみのまま、消し去ろうとしてしまうのです。しかし、悲しみが悲しみのままだとしても、苦しみが苦しみのままだとしても、そこにたった一つでも意味が見いだせるとしたらどうでしょうか。その悲しみの中に、その苦しみの中に、共に泣き、共に苦しんでくださるイエスの姿を見いだせたら……。愛する者の死という出来事の中に、死者を引き上げてくださる神の愛を見つけ、悲しむ私に、愛する者との再会の希望を語る、復活のイエスの姿を見いだせたらどうでしょうか。私たちの悲しみはいかばかりか慰められないでしょうか。

悲しみが意味を持つのです。苦しみが意味を持つのです。その意味とは何か。それは、その闇のただ中で、なお神が私たちに寄り添い、語りかけてくださっていることを見つけることであるのです。神に見捨てられたと思う私。孤独と絶望という痛みの中に置かれていると思っている私。しかしその私に、なお神が語りかけてくださっている。「光あれ」と言って、闇の中に光をお造りになった神が今、私たちの闇の中に「光あれ」と語ってくださっている。悲しみや苦しみが、全く無意味な出来事として終わらず、神の働きの発見へと導く大きな出来事として意味をなしてくる。なお悲しみは悲しみなのです。苦しみは苦しみなのです。それが全くなくなるというわけではないかもしれない。しかし、その悲しみと苦しみのただ中に、主が共にいてくださる。そのことを発見したときに、私たちは初めて悲しみの中にも一つの意味を見いだし、その中で少しずつ、全く新しい喜びに出合っていく者となるのです。

（二〇一四年五月二五日、霊南坂教会朝礼拝説教）

出発信仰

使徒言行録一三章一—一二節
アモス書七章一〇—一五節

「一、日本国民は、正義と秩序を基調とする国際平和を誠実に希求し、国権の発動たる戦争と、武力による威嚇又は武力の行使は、国際紛争を解決する手段としては、永久にこれを放棄する。
二、前項の目的を達するため、陸海空軍その他の戦力は、これを保持しない。国の交戦権は、これを認めない」。

私たちが世界に誇る平和憲法九条の条文です。しかし今この国は、集団的自衛権の行使を巡って、その大切にしてきたものを放棄し、軽んじ、あるいはそれを都合よく解釈して、武力を行使できる国になろうとしています。教会には、さまざまな考えを持つ人がいることを承知しています。教会は、さまざまな考えを持つ人が共に生きることができるところです。ですから私は今、あえて集団的自衛権の行使について、良い悪いを言うつもりはありません。しかし、現在の政府がしている政権運営のあり方については、はっきりと「ノー」と言わなければなりません。

あまりにも乱暴な、丁寧な議論を欠く進め方。それは、集団的自衛権の行使に賛意を表す学者ですらも、「急ぎ過ぎだ」と言うほどです。戦後日本が歩んできた道を大転換させるという重要な分岐点にいるのに、政府は数の力によって事を推し進めています。多くの世論があり、多くの反対があるのに、その一つひとつの声に全く耳を傾けようとしていない。この政権運営のあり方については、私たちの信仰に照らし合わせて、断じて受け入れることはできないのです。私たちの信仰は、イエス・キリストを模範とする生き方を示します。イエス・キリストはどう生きられたでしょうか。小さき声に耳を傾け、社会から小さくされた者たちと共に生きられたのです。そのイエス・キリストの生き方を見つめるならば、さまざまな声を無視し、権力を握った人たちだけで推し進めていく政治のあり方は、受け入れることはできないのです。

先週の礼拝に、私たちは越川弘英牧師をお招きしましたけれども、越川牧師はそこで、「この悪い世界に対して、キリスト者である私たちが語らないで、だれが語るのですか」と問いかけられました。大変心に響く御言葉でありました。小さき声を軽んじ、権力を持った人たちだけで国の方向性が決められていくこの国のあり方に、キリスト者である私たちが語らないでだれが語るのか。イエス・キリストが示した愛に満ちた生き方、小さき声に耳を傾ける生き方、その尊さ、その正しさ、そこに示された神の御心、その一つひとつをキリスト者である私たちが語らずしてだれが世に語るのか。私は越川牧師の言葉を、そのような御言葉として受け止めました。そして、この御言葉に押し出され、遣わされて、過ぎた一週の旅路を歩んできたのです。

教会が世に人を遣わす。礼拝を通して世に人が遣わされる。神はそうして、世に対する働きを、私たち一人ひとりに託されます。これは、代々のキリスト者たちがいつも心に覚え、大切にしてきた信仰です。信仰に生きる私たちは、もはや自分一人で自分の好きなように世に生きるのではない。自らの欲や自らの思いではなく、教会から託され、神から託された思いを抱いて、それぞれの日常を生きるのです。

今朝与えられた聖書にも、初代教会に生きた使徒たちが、教会から託された神の使命を、世にあって大胆に生きている姿が示されています。ここはアンティオキアの教会です。一つのローカルな町の教会で礼拝がささげられていたのです。これはいわゆるパウロの第一回宣教旅行の開始を告げる場面でありますから、アンティオキア教会の人々は特にそのことを覚えながら、自らの思いを解き放ち、そこに主の御言葉と御心を聞き、新たな思いで宣教をなしていくために礼拝をささげていたのだと考えることができるでしょう。

そこで彼らは、人を通して語りかけられる神の声を聞いたのです。「さあ、バルナバとサウロをわたしのために選び出しなさい。わたしが前もって二人に決めておいた仕事に当たらせるために」。その声は、イエス・キリストの福音を異邦人世界に宣べ伝えよとの宣教命令でありました。

彼らはその声を受けて二人の上に手を置いて祈り、彼らを宣教の旅路へと遣わすのです。

手を置くという行為を按手と言いますが、これは、教会がその宣教の業を特定の人々に託すときになされていたものでありました。先ほど私は、この箇所がいわゆるパウロの第一回宣教旅行の開始を告げるところであると言いましたが、正しく言うならば、決してパウロ個人の宣教旅行ではないのです。今日の箇所にはっきりと書いてあるように、この宣教旅行はほかならぬ、神が託したアンティオキア教会の宣教の業であった。一つのローカル教会が今、皆で神に語りかけられるままに、異邦人世界への宣教ヴィジョンを共有し、召し出された者に按手をし、皆で祈り、その宣教の業を託したという出来事が、ここに記されているのです。

これはとても重要なことです。パウロは偉大な宣教者でありましたが、それは決してパウロ個人の思いや情熱によって推し進められていったものではなかったのです。その初めには、教会の篤い祈りがあり、按手があり、神ご自身による派遣があった。キリスト者が世に出ていってそこで生きるということは、教会から遣わされ、神によって遣わされるということであるのだ。己の思いではなく、神の御心を聞き、その御心に従ってキリストと共に、キリストに結ばれた兄弟姉妹の祈りに支えられながら歩み出す。それがキリスト者の生きる道なのだ。そこにこそ、私たちの信仰の旅路の出発点があるのだということが、ここに伝えられているのです。

教会から派遣されたパウロは、神の御言葉を携えて世に出ていきました。しかし、世には神の御心から離れた悪の力が多く働いていました。そのことを象徴するかのように、パウロはすぐに魔術師との戦いを経験します。この魔術師というのは、地方総督と交際していたとあるように、世の権力と密接に結びついていました。彼らは、預言者的な役割を装って権力者たちに擦り寄り、そこで自分たちの立場や利益だけを求めて、人を騙し、偽りを語り、対抗してくる者にはあの手この手を使って迫害の手を伸ばしたのです。しかし、パウロはそのような世の悪に脅えることはありませんでした。御言葉を携えたパウロは、信仰によって真っ向から戦いを挑むのです。

このパウロの戦いは、世の権力に立ち向かう戦いでした。それは本来、恐れを伴うものであるでしょう。しかし、忘れてはなりません。パウロは教会から派遣され、多くの兄弟姉妹の祈りを受けて、今ここに立っているのです。彼はもう、自分の思いではなく神の思いに生き、神の使命のために生きているのです。そのしるしに、パウロは聖霊に満たされて力強く魔術師を睨みつけ、更にはその悪を打ち倒すべく力強く語っています。恐れは信仰によって解き放たれ、信仰はキリストが示す真理の道を全うさせるのです。

パウロの力強い信仰によって、魔術師は力を失いました。彼の目はかすみ、すっかり見えなくなって、だれか手を引いてくれる人を探したということが一一節に記されています。この描写は、パウロ自身がかつてキリストの迫害者だったとき、ダマスコへ向かう途上で、復活のキリストに出会ったときのことを想い起こさせます。パウロもかつては、キリストに敵対する者の一人でありました。しかしパウロは、復活のイエスに出会い、「サウロ、サウロ、なぜわたしを迫害するのか」という声を聞き、目が見えなくって地にうずくまる経験をしたのです。彼はそのとき、アナニアという人に助けられ回心をして、キリストの道に生きる者になりました。

そのことを想い起こすとき、私たちはパウロと魔術師との戦いが、いったい何を意味するものであったのかということに気づくのです。この後、魔術師がどうなったか。そのことは記されていません。しかしもしかしたら、彼もパウロと同じように、その後回心し、目が開かれ、人々を騙す生き方から、小さき声にまで耳を傾ける者へと変えられたかもしれません。その意味で、パウロの戦いは、決して、悪を行う者を打ち倒すだけの戦いではないのです。キリスト者が世の悪と戦うということ、それは、世の悪を悔い改めへと導くということを意味しています。愛を貫いて、敵をも味方としていくのです。すべての悪を、キリストの十字架の前にまで連れていき、そこで悔い改めの必要と、十字架による罪の赦しを宣言する。そして和解と、新しい平和をそこに築き上げていく。それこそが、キリスト者がなしていくべき、本当の戦いであるのです。

私たちもキリストの十字架によって赦されたのです。己のために生き、人々を蹴落とし、人々を傷つけて生きてきた私たち。小さき声を軽んじ、大きな声だけに耳を傾けてきた私たち。しかし、その私たちをキリストの十字架が赦し、キリストの生き方が、私たちを新しい人生へと導いてくれたのです。だから私たちも、その大きな恵みを世の人々に指し示し、世の人々と分かち合っていくのです。権力が暴挙をなしているこの世の現実に、私たちは目をつぶってはいけません。小さき声が軽んじられ、大きな声だけが聞かれているこの世の現実に、私たちは目をつぶってはいけません。信仰によって戦うのです。神の御心から離れて悪を行う人々、自らの欲望に生きて罪の中にある人、その人々を、キリストの赦しにあずからせるために、私たちは戦うのです。

自分にはそんな勇気はない。そんな力はない。自分の生活だけで精一杯だという人がいるかもしれません。しかしこれは、キリストに結ばれ、聖霊の力を受けた者ならだれでもなすことができるものであるのです。何よりも、神がそれを求めておられる。そしてそのために、神が力を与えてくださるのです。

私たちは今日もこの礼拝によって、この教会から、神の御言葉を携えて、それぞれの日常へと遣わされます。身近なところから、世の隅々に至るまで、私たちはさまざまな出来事に遭遇し、さまざまな人々に出会います。至る所に、世の悪しき力を見るかもしれません。キリストが示した愛の生き方。小さき声も尊ばれる神の世界。その世界に敵対する力と、私たちはいろいろなところで出合うのです。しかし、恐れることはありません。今日私たちは、愛する兄弟姉妹と共に祈りを合わせているのです。そして、その祈りによって、私たちは心を開いて神の御言葉を聞き、信仰を確かめ、聖霊の力を受けて再び世に遣わされていくのです。教会が皆さんを世に遣わします。皆さんはもう、一人ぼっちで生きるのではないのです。これは孤独な戦いではないのです。

教会によって、神によって、キリストによって遣わされる。聖霊の力を受けて遣わされる。世の悪と戦い、世の悪を十字架の前に立たせるために、私たちは今日ここから再びそれぞれの日常へと遣わされるのです。皆さん準備はいいですか。忘れ物はございませんか。大切なことを心に覚えましたか。それでは、「出発信仰」です。

（二〇一四年七月六日、霊南坂教会朝礼拝説教）

神の計画書

使徒言行録一三章一三―二五節
コヘレトの言葉三章一―一一節

なぜ私たちは今ここにいるのか。そのことに思いを巡らせるとき、私たちはそれぞれが歩んできた人生を振り返ります。そこには一〇〇人いれば一〇〇通りの旅路があり、一〇〇通りの歴史があります。私たちが歩んできたその旅路、その歴史、その一日一日があったから、今私たちはここにいて、命の与え主である神の前に立つことができているのです。

ある人は、自らの人生を後悔しているかもしれません。受け入れ難い経験をしてきた人は特に、あのような苦しみがなぜ私に降りかかってきたのか。あんな出来事はなかった方がよかったと思っているかもしれません。しかし、その出来事がなければ、今私たちはここにいなかったかもしれません。ここにいて、人生とは何か、命とは何か、その問いを深めることはできなかったかもしれないのです。

私たちは教会に集い、礼拝を守り、そこで私たちの命が神によって愛されていることを知らされます。その愛ゆえに、神はイエス・キリストを私たちに遣わし、そのキリストの十字架と復活の恵みによって、私たちの命が死を超えて、永遠に生きるものとされたことを知らされるのです。死という最大の闇、最大の恐れ、それを取り去ってくださる神の働きが、この私に与えられていることを知らされる。私たちは、この最大の救いの知らせを聞くために、人生を歩んできたのです。そしてまた、この最大の救いを手にするために、与えられたこれからの人生を歩んでいくのです。

この希望を知らなければ、私たちはどんなに幸せな日々を過ごしたとしても、この世の命の終わりの時に虚しさを覚え、大きな悲しみと恐れに襲われることでしょう。しかし私たちは、キリストの福音によってその恐れから解き放たれ、いついかなる時もキリストによる平安が与えられるのだと信じるのです。愛する人との死別も永遠の別れではないし、自らの死も永遠の終わりではない。もちろん、死という人生最大の闇をも取り去ってくださる神の恵みですから、それは、私たちの日常における苦しみや悲しみ、すべての闇をも取り去ってくださるものであるのです。そう信じるとき、私たちの歩んできたすべての時が、この希望につながる意味ある時、必要な時であったことに気づかされます。私たちはこの希望を知るために、いつも私たちを愛し、私たちと共にいてくださる神と出会うために、あらゆる経験を重ね、ある者はまっすぐに、ある者は紆余曲折を経て、今ここに集まっているのです。

アンティオキア教会から宣教の旅路に遣わされたパウロ一行は、キプロス島のパフォスから船出して、パンフィリア州のペルゲという町に着きました。そこでパウロは、ここまで共に旅をしてきたヨハネ一行と別れます。ヨハネ一行は宣教旅行をやめてエルサレムへと帰ってしまったのです。これは後で分かることですが、パウロとヨハネ一行は、異邦人伝道のあり方を巡って、異なる考え方を持っていたようです。パウロは、異邦人に対して律法から自由にされた福音を説き、ヨハネは異邦人にも律法の必要性を説いていた。このことによって両者の関係には亀裂が生じ、共に旅を続けていくことが困難になってしまったのです。

しかし、このことによって、かえってパウロの異邦人伝道のあり方が確立されていきます。これまで共に旅をしてきた仲間と別れることはとてもつらいことであったでしょう。できることなら一緒に旅をしたかった。いわば喧嘩別れをしてしまうなんて、神の宣教をなす上ではあってはならないことだ。パウロとヨハネの心には、それぞれそうした悔いが残っていたかもしれません。しかし、こうした人間の亀裂、あってはならないと思えるような出来事をも用いて、神の計画は進んでいくのです。

私たちの教会も、こうした経験をしています。私たちの教会もまた、その歴史の中で教会の分裂という経験をしてきているのです。教会を愛するゆえに皆熱くなる。そこでどうしても考え方に違いが生まれ、教会が分裂する。しかし、その痛みに満ちた出来事を通して、かえって新たな地に福音の種が蒔かれ、新しく教会が生み出されていった。あるいは、この教会が悔い改め、より深い信仰と祈りへと導かれていった。何よりも、そうして分裂をし、新たに生み出された教会も、残されたこの教会も、互いに滅びるのではなく今それぞれに生き生きと宣教の業に励んでいる。私たちはその歴史を振り返るときに、本当に神は何をお用いになるかわからない、私たちがあってはならないと思う出来事さえも、私たちが痛みを感じる出来事さえも、神は計画のうちに用いて、それを意味ある出来事にしてくださるのだということに気づかされるのです。パウロもきっと、計り知れないこの神の計画を信じて、痛みを覚えながらもヨハネ一行と別れ、更に更にと異邦人世界に足を踏み入れていったのだと思います。

パウロはピシディア州のアンティオキアに着くと、ユダヤ教の会堂に行きました。その日は安息日であり、ユダヤ教の礼拝がささげられていましたが、パウロは運良くそこで御言葉を語る機会を得るのです。パウロが第一に語ったことは、イスラエルの歴史でありました。あなたがたはなぜ今ここにいるのか。なぜあなたがたは今神の前に立ち、神を礼拝しているのか。そのことを示すために、パウロは彼らの先祖たちの歴史に触れ、その歴史に連なって、今を生きるあなたたちがいるのだということを、ここで示そうとするのです。

イスラエルの歴史は苦難の連続でありました。神に選ばれ約束された民でありながら、彼らはエジプトの奴隷となり、繁栄とはほど遠い日々を強いられたのです。しかし、その苦難の中にあっても、確かに神は働かれていた。イスラエルの民を苦難から救い出し、新しい地に導くために、神は絶えず働かれていた。そして、彼らに新しい地と新しい世界を与え、神は彼らの国に、ダビデという優れた王を立てられた。パウロは、このようなことを語りながら、いついかなる時も共にいて、救いの御手を差し伸べてくださる神の存在を人々に指し示したのです。

しかし、この言葉を聞いて、こう思った人々がいたかもしれません。「確かにこの人の言う通り、私たちの先祖は幾度も困難を乗り越え、主なる神に助けられてその歴史を刻んできた。しかし、幾度も困難を乗り越えても、また幾度も困難がやってくるではないか。エジプトから民は救い出されたが、その後にはバビロニア、そして今はローマ帝国、私たちはなお強大な国に支配されている。この虚しさは、この痛みはいつ完全に解き放たれるのか」。

彼らがこの礼拝において朗読していた預言の書、そこには、「神がダビデの子孫からイスラエルに救い主を与えてくださる」ということが記されていました。人々は、完全な救いはこの救い主によって与えられると信じ、その預言の成就を待っていたのです。しかし、まだその救い主は来ていない。強大な国に立ち向かう将軍のような、屈強な救い主はまだ来ていない。その方はいつ来るのか。この会堂に集まっていた人々はきっと、そのように思いながらパウロの言葉を聞いていたことでしょう。

しかしパウロは、全く予想外の形で彼らのその問いに答えます。あなたがたが待ち望んでいる救い主はもうすでに来ている。そう言うかのごとく、あの十字架にかけられたイエスこそが、ダビデの子孫である救い主であるのだということ、そしてあのイエスこそが、バプテスマのヨハネが指し示していた真の救い主であるのだということを告げるのです。ダビデもバプテスマのヨハネも、イスラエル民族にとって、大きな意味を持つ存在でありました。多くの人々が、彼らを信頼し、彼らの言葉を聞いていた。しかし、ユダヤ人たちはその示されたものをしっかりと見つめることができていなかったのです。

振り返ってみればその歴史の中に、もう神の救いの御業は与えられていた。しかし、彼らはそれに気づけなかった。なぜ、このようなことが起こるのでしょうか。それは、彼らが神の御心ではなく、自分の思いに生きていたからです。神の計画ではなく、自分がこうなってほしいと思うことの成就を求めていたからです。彼らは、なお国の繁栄を求め、大国からの独立を求めていた。あるいは、自分の富や名声ばかりを求めていた。そうしたものを手にすることこそが、神の恵みだと思っていた。しかし、そのような人々の思いと神の思い、そのような人々の願いと神の計画は、全く異なるものであったのです。

人々が無力だ、無価値だ、無意味だと思って殺してしまったあのイエス。あのイエスこそが救い主だったのです。そして、あのイエスが与える十字架と復活こそが、真に人々を罪と死という最大の闇、最大の絶望から救い出す神の御業であったのです。その救いは、人々が求めたような国の繁栄や、富や名声をもたらすものではなかった。そんな安っぽい、やがては廃れる一時の輝きではなかった。そのようなことよりももっと大きな、もっと重要な、死を超えた永遠の命、すべての苦しみや痛みや悲しみを取り去ってくださる永遠の命、神はその大いなる救いの御業を、イエス・キリストを通して世に与えてくださったのです。

この話は私たちと無関係ではありません。私たちもまた、ここでパウロの言葉を聞く人々と同じ思いに捕らわれる者であるのです。私たちもまた、自分の思いや価値観の中で、さまざまな出来事や経験を評価しようとします。そしてまた、自分の願いや思いが叶うことが最高の幸せだと思っています。できることなら苦しみや悲しみは避けたい。避けたいどころか、そんな経験はない方がいい、そんな経験は自分を苦しめるだけで何の意味もない。私たちはそのような思いに捕らわれることがあるのです。しかし、私たちはさまざまな経験をしながらも、今確かに、こうして神が与える最高の救いの御業を知ることができています。私たちは神の御言葉に出合い、イエス・キリストの救いの御業に出合い、その救いの約束に堅く結ばれています。それでもまだ、私たちが歩んできた毎日が、その歴史が無意味だった、無価値だったというのでしょうか。

過去も、現在も、未来も、私たちは神の計画のうちに生きています。神は私たちを愛してくださっている。だから、私たちはいかなる出来事を経験しようとも、希望を失うことはありません。

今苦しみの中にいようとも、十字架の死という闇に復活という光を与えてくださった神が、その光を必ず私たちにも注いでくださるのです。やがて私たちはこう言うでしょう。あの出来事があったから今の私があるのだ。あの出来事があったから今私はここにいて、神が与える希望を抱き生きることができているのだと。そこで私たちは、それぞれの歴史に共に生き、働いてくださっている神に出会います。過去を振り返り、あの時も、あの時もと、見過ごしていた神の働きに気づかされ、その神が今も、そしてこれからも、永遠に共にいてくださるのだと信じることができるようになるのです。

（二〇一四年七月一三日、霊南坂教会朝礼拝説教）

馬鹿にするならするがいい

コリントの信徒への手紙二、六章一―一〇節
サムエル記上一七章三一―三七節

かつて私は、信仰に生きることへの恥ずかしさのようなものを感じていました。クリスチャンホームという、この国において、ある種異質な家庭に生まれた私。その私はどこかいつも、その異質さというコンプレックスを抱えながら、周りから不思議な目で見られることを恐れて生きてきたのです。レストランに行って食事をするとき、「さあ祈ろう」と親が言います。「おいおい待てよ！　マジかよ？　ここで？」。私はそのように思うわけです。それでも親は、うつむいて目を閉じます。恥ずかしくて、私はうっすらと目を開けます。すると、食事を持ってきた店員が不思議な顔をして、ちょっぴり戸惑っているのです。「ほらほらほら、だからやなんだよ。完全に怪しい集団だと思われてるじゃないか」。かつての私は、そのようにしていつも周りの目を気にしながら、信仰から来るその一つひとつの行いに、恥ずかしさを覚えて生きてきたのです。今思

えばその恥ずかしさは、祈ることの意味やその力、信仰というものの意味やその力を、全く感じていなかったゆえのものであったのかもしれません。

もちろん、私が祈ることや信仰の意味、その力を知ったからといって、周りの態度が変わるわけではないでしょう。特にこの国においてはクリスチャンという存在がマイノリティーであるわけですから、食前に祈りを合わせる人がいる光景や、神を真面目に信じて生きる人がいる光景というのは、いつも社会の中で、ある種異質な空気を放つのです。であるならば、私たちはいつもそのような周囲の冷たい視線を感じながら、信仰という旅路を歩んでいかなければならないのだということになります。周りの目を気にすることのない人にとっては特に問題ないかもしれません。しかし、周りの目を気にする人にとっては、これは重大な問題です。信仰や祈りの意味、そしてその力を知っていても、周りの目を気にしてその生き方を全うすることができていない。信仰にオン・オフのスイッチのようなものがあって、人目がないときにはスイッチが入り、人目があるときにはスイッチを切ってしまう。そうしたことがあるならば、私たちは神からいただいている信仰という恵みを、ときに自ら振り払って生きてしまうということになるのです。

人は、周りの目を気にしすぎると、いろいろな意味で自らの存在を守るために、自分を押し殺し、本来あるべき自分の生き方をいとも簡単に変えてしまう存在であると思います。社会からの目に恥ずかしさを覚え、恐れを覚え、いとも簡単に信念や信仰を曲げてしまう。特にそれが社会的マイノリティーの立場であるならば、次第に自らの生き方が社会の大多数の人々と相反することに気がつき、自分は何かおかしいのではないかと不安になる。そして、その信念、信仰に疑いを持つようにもなってくるのです。

特に今私たちが生きる時代は、メディアが大きな力を持っている時代ですから、テレビや新聞を通して報じられる「情報」がすべて、あたかも絶対的正論や真実を語っているかのように思えてしまうということがあります。そこで私たちは、いとも簡単に騙される。惑わされる。本当に見るべきものを見失い、大多数を装う情報によって、自らの信念や信仰のスイッチを切ってしまう、あるいは気づかぬうちに、スイッチが切れてしまっているということを経験するのです。

神の協力者であり信仰の導き手であるパウロは、「神からいただいた恵みを無駄にしてはいけません」と語りかけます。神からいただいた恵みを無駄にしてしまう人々がいたのです。パウロはそのことを指摘するために、自らの生き方を示します。それは、どんな困難な状況においても、パウロはキリストに従い、聖書によって示される信仰の道を、いつも全力で、まっすぐに歩んでいるのだということでありました。苦難、欠乏、行き詰まり、鞭打ち、監禁、暴動、労苦、不眠、そして飢餓。パウロは神の協力者であるゆえに、その信仰に生きるゆえに、数え切れぬほどの困難を経験してきたのです。信仰を捨てて、社会のマジョリティーにとけ込むならば、こうした困難から逃れることができたかもしれません。しかしパウロは、信仰のゆえにこうした困難があることを知りながらも、そこに何にも代え難い神の恵みがあることを信じて、信仰のスイッチを切ることなく、信仰の灯火を消すことなく、キリストに従う者として生き続けたのです。

ところが、神の恵みを無駄にしてしまう人々は、苦難や、欠乏や、行き詰まりという困難があると忍耐することなく、すぐに信仰のスイッチを切り、社会に同化することを求めてしまいます。そこに、神の恵みが注がれているのに、目の前に神の救いの御手が差し伸べられているのに、それを無駄にするかのごとく、そこから遠ざかり、理性だけを働かせて、つまり自分の力でその困難から必死に逃れようとするのです。

パウロはここで、そのような人々のことを、神の恵みを無駄にしている人々だというのです。もちろん、神の恵みというのは、困難の中にだけ与えられるものではありません。私たちの人生が上手くいっている時も、喜びに満ちている時も、そこに神の恵みはあるのです。喜ぶ時も、悲しむ時も、幸いな時も、病む時も、世に受け入れられる時も、迫害される時も、そのすべての時に、神は共にいて御手を注ぎ、私たちに一つひとつ、必要な恵みをお与えくださっているのです。

パウロは、苦難の中に輝く神の恵みを強調しますが、その言葉は、二節の言葉を前提としています。パウロはそこで、「今や、恵みの時、今こそ、救いの日」と高らかに宣言しています。この「今」というのは、ある特定の特別な時を指しているのではなく、私たちが生きるすべての時のことを示しています。私たちは一秒一秒の時を生きて、そこで喜んだり、悲しんだりする者でありますが、その一秒一秒の「今」という時、すなわち一度も断絶することなく続いていくすべての時に、神は働かれているのだとパウロは言っているのです。私たちが喜ぶ時には、そこに神の恵みが注がれている。私たちが助けを必要とする時には、そこに神が救いの御手が注がれている。そうして私たちは、すべての時に、神の働きを受けながら生きている。パウロはこの大前提に立って、とりわけ人々が信仰から離れようとする苦難の時にフォーカスをあて、この御言葉を語っているのです。

金曜日から昨晩まで、私は教会学校の夏季キャンプに行ってきたのですが、そのキャンプの中にテーマゲームというプログラムがありました。今年は旧約聖書のヨナ書の物語をテーマにして、子どもたち一人ひとりがヨナになりきり、キャンプ場内にある五つのポイントを巡り歩いて、その物語の世界を体験しました。炎天下の中、子どもたちは一時間以上も歩き回りました。さすがにこれは疲れただろうと思い、私はゴールをした子どもたちを集めて声をかけました。「疲れたでしょう。お疲れさま」。しかし、子どもたちはこう答えたのです。「全然疲れなかったよ。だって、神様がずっと一緒にいてくれたんだもん」。

私たちがある意味では呪文のように、いつも繰り返し語っている言葉です。「神様はいつも私たちと共にいる」。しかし改めて、子どもたちの口を通してこの言葉を聞くと、なんだか新しい信仰を教えてもらったような気持ちになりました。きっと子どもたちは、炎天下の中を歩き回る中で、本当に、心から、神様が一緒にいてくれているんだということを感じたのだと思います。今、この瞬間に、神様が一緒にいてくれている。だから、疲れも感じなかった。純粋な子どもたちが語る言葉です。

私たち大人はどうでしょうか。確かに私たちも、この子どもたちと同じように、いつも、神様が共にいるということを語っています。もちろん、そう信じています。しかし本当に、心から、それを呪文のようにではなく、リアリティーのあるものとして語っているのか。今、この時に、この瞬間に、喜ぶ時も悲しむ時も、すべての時に神が共にいてくださっている。ずっと一緒にいてくださっている。私たちはこのことをどれほど真剣に思い、そして実感しているのでしょうか。

私はキャンプの開会礼拝で、子どもたちにこうも語っていました。「キャンプには、キャンプマジックというものがあるんだよ。いつもはできないことが、このキャンプではできちゃうことがあるんだよ」。もちろんこの言葉は、良い意味で語っています。しかし、あえてその言葉を逆手にとってみるならば、そしてその言葉を私たちの立つところに置き換えてみるならば、こう言うこともできるかもしれません。「教会には、教会マジックというものがあるんだよ」。つまり、教会にいるときにはできていることが、一歩教会を出るとできなくなってしまうということです。教会にいるときには信じることができていたこと、心に深く覚えていたことが、教会から一歩外に出るとすっかり信じられなくなり忘れられてしまう。神様がいつも一緒にいると信じていながら、そう信じられない瞬間や、そのことすらも忘れてしまう瞬間、あるいはあえてその希望を口に出すことをやめてしまう瞬間というのを、私たちは日常生活の中で経験するのではないかと思うのです。

世の中に生きて、社会に生きて、神を信じている自分の異質さに気づかされる。そこで馬鹿にされることを恐れたり、神などという存在を信じている自分の弱さが人に知られてしまうことを恐れたりする。私たちは祈る群れでありますが、「あいつらは祈ることしかできないで現実逃避ばかりしている」と、世の人々から批判されることもあるかもしれません。祈ることしかできない自分に嫌気が差すこともあるかもしれません。しかし、祈ることしかできないことも確かにあるのです。いやむしろ、私たちは何もできないと思える状況でも、祈ることだけはできるのです。祈ることしかできないんじゃない。祈ることができるのです。それが信仰によって許されている。祈りには力があり、神がその祈りを聞いて、私たちに必ず働いてくださるのだということを、私たちは信仰生活の中で確かに感じてきたではないですか。

イエスは、幼子のような者が神の国に入れるのだと言われました。私たちも幼子のように、あの子どもたちのように、もっと素直にまっすぐに生きようではありませんか。恥ずかしがらずに、恐れずに、疑わずに、信仰に生きようではありませんか。馬鹿にされたって、無力な弱い奴らだと思われたって、祈ることしかできない奴らだと思われたっていいじゃないですか。私たちは、神がいつも私たちと共にいて、私たちの祈りを聞き、喜びの時も悲しみの時も、恵みと救いを与えてくださることを信じるのです。そう信じて、信じ切って、教会に集う時も世に生きる時も、信仰のスイッチをつけたり消したりするのではなく、与えられた一日一日を生きていく。それが、神の恵みを一時も無駄にすることなく生きるということであるのです。

（二〇一四年八月三日、霊南坂教会朝礼拝説教）

譲れないもの

ガラテヤの信徒への手紙一章一―一〇節
列王記上二二章一―一六節

「牛丼並盛り、肉なしでお願いします」。「はい？　もう一度お願いします」。「牛丼並盛り、肉なしでお願いします」。「あの……。牛丼肉なしですか？　当店は牛丼屋ですし、そもそも肉なしですと牛丼ではなくなってしまうのですが……」。「じゃあ、サラダください」。

このやりとりは、私が学生時代に実際に目にしたやりとりです。柔道部に所属していた友人と、授業の合間に某牛丼屋に行ったのです。しかし、友人は試合を控えており減量中であったために、牛丼の肉なしを注文しようとしたのです。私もそんな注文は聞いたことがありませんから、「コイツいったい何を言い出したのか」と思いましたが、店員の言う通り「牛丼肉なし」はそもそも牛丼ではなくなるわけで、結局友人はサラダだけを食べたのですが、なぜお前は牛丼屋に来たのかと問われてもおかしくない、実に的外れな注文でありました。

牛丼肉なし。いわばこれは、キリスト教十字架なしと同じです。キリスト教のシンボルは言うまでもなく十字架であり、イエス・キリストの十字架があるからこそ、キリスト教はキリスト教となるのです。

何を当たり前のことを言っているのかと思われるかもしれません。しかし、これは大変重要なことであるのです。私たちはともすれば、このあまりにも当たり前のことをときに忘れてしまっているかもしれないのです。私たちの信仰において最も大切なことは何か。いや、私たちは何を信仰の中心に置いて歩んできたのか。教会に来て、礼拝をささげて、奉仕をして、そこで私たちは何を味わい、何を感じてまたそれぞれの日常に戻るのか。改めてそのことを思うならば、自分がこの当たり前のことをどれほど大切に受け止めてきたのかと、やはり問わざるを得ないのではないかと思うのです。

形の上では、確かにこうして十字架の前に立っているのです。それこそ牛丼屋で言えば、牛丼屋に来て牛丼という名の商品を注文する。しかし、「牛丼肉なし」となれば、その牛丼屋が最も売りにしている牛肉の味わいなくして、その店を後にすることになるのです。私たちはどうなのか。十字架の前に来て、その十字架にかかったイエスの名による御言葉を確かに聞いている。しかし、その味わいは、その信仰生活は、その教会生活は本当に、この十字架の味わいを深くするものであるのか。これは、改めて問うべきことであると思うのです。

パウロは、ガラテヤの教会に向けて手紙を書きましたが、彼がこの手紙を書いた理由は明確です。それは、ガラテヤの教会に生きる人々が、イエス・キリストの十字架を味わうことなく信仰生活を送っていたからです。

パウロは手紙の冒頭で、まず自分の使徒職を弁明しました。なぜならこのときガラテヤの教会には、パウロの使徒職を疑い、「あいつは偽使徒だ」と言い広める人々がいたからです。七節に、「ある人々があなたがたを惑わし、キリストの福音を覆そうとしている」という言葉があります。このある人々が、パウロのことを偽使徒と呼び、パウロが伝えたキリストの福音、十字架の福音を覆して、全く別の福音をガラテヤ教会の中に伝えていたのです。もちろん、「別の福音」と言っても、それは福音と呼ぶことのできるものではありません。パウロからすれば、十字架の福音以外、福音と呼べるものはないのです。しかし、ガラテヤの人々は、ある人々の扇動によって全く福音でないものを福音だと思い込んでしまっていた。まさに牛丼肉なし。キリスト教十字架なしの信仰が、このときガラテヤ教会の中にあふれていたのです。

驚くべきことは、このガラテヤ教会を惑わしていたという「ある人々」が、キリスト者であったということです。何もここに、異教徒が入り込んできたというわけではない。この人々は確かにキリスト者であったのです。しかし彼らは、キリスト者といえども、ユダヤ化主義者とか、キリスト教割礼派などと呼ばれる人々でありました。初代教会においては、ユダヤ教からキリスト教に意識改革をすることの難しさがあったのです。それゆえ、一部のキリスト者たちは、確かに十字架の前に立っているのだけれども、その信仰の中心にはなお、ユダヤ教が大切にする律法があったのです。異邦人もユダヤ人のように律法を遵守しなければならない。そうでないと、たとえキリスト者といえども救われない。教会の中に、そのような教えを告げ広める人々がいたのです。しかしこれでは、イエス・キリストの十字架という最大の神の恵みを不必要なものとすることになってしまいます。

イエス・キリストの十字架。この十字架の死によって、私たちの罪は赦されました。罪の結果は死である。聖書にはそう書いてあります。しかし私たちは、この十字架によって、死という滅びから救い出されたのです。そしてまた、この十字架の死を経たイエス・キリストの復活によって、私たちの命はイエスと共に復活させられるのだという確かな希望が与えられたのです。十字架が私たちの命を救うのですから、それは、私たちの人生におけるあらゆる困難を、この十字架が解き放ってくださるのだということを意味しています。イエスは十字架を背負うことを通して、私たちのあらゆる闇を背負い、その闇の中に復活という希望の光を注ぎ込んでくださるのです。これは、神が私たちに与えてくださった最大の恵み、最高の愛の御業です。この十字架があるから私たちは癒される。慰められる。死という滅びからも救い出される。この十字架がなければ私たちはなお闇の中にいて、生涯の終わりには死という絶望を経験するほかなくなってしまうのです。

それゆえパウロは、この真の福音から離れてしまう人々に大変厳しい言葉を語ります。「呪われるがよい」。こんなにも恐ろしい言葉をパウロは二度も繰り返して語るのです。人を呪うということにはあまり良いイメージを持てません。しかしこの「呪われるがよい」という言葉は、ギリシア語でアナテマと言いまして、それは、「見捨てられる」という意味を持つ言葉なのです。

つまりこういうことです。「このままではあなたがたは見捨てられてしまう。イエス・キリストの十字架によらなければ、私たちの命は救われない。この神の愛と恵みをしっかりと受け取らなければ、私たちの命は見捨てられてしまうのだ。十字架と復活、このキリストの福音こそが、唯一の、真実の福音なのだ。愛する兄弟姉妹たち、立ち帰りなさい。神に見捨てられることのないように、立ち帰りなさい。そして、すでに罪赦され、自由にされていることを受け入れ、安心して生きなさい」。パウロはきっと、ここで厳しくも、しかし兄弟姉妹たちへの深い愛を込めて、この言葉を送ったのではないかと思います。

律法に縛られるということは、人の行いに応じて善悪を判断し、あるいは評価するということを意味しています。あの人は、あるいは自分はこういう生き方をしている。だから善い人だ、悪い人だと、人間の目でその人を見つめるということにつながるのです。私たちも、律法とは言わなくともしばしばこうした目をもって他人を、あるいは自分を見つめてしまうことがあります。

他人を賞讃することもあれば自分自身を誇ることもある。一方で、他人を見下すこともあれば自分自身を受け入れられないこともあるのです。しかし、こうした生き方は、いつも他人の評価を気にして生きるということへと人を仕向け、不安や悩みを人に植えつけるということにつながります。

しかし、もう私たちはそんな心配をする必要はないのです。人の行いや性格によって人を評価したり、自分を評価したりする必要はない。ここにいる私たちは皆、イエス・キリストの十字架の恵みに招かれ、その御業によってすべての罪を赦していただいた一人ひとりなのです。本当にこのことを信じるならば、あの人のことも自分のことも悪く言う必要はない。人を裁いたり、人を見下したり、自分を裁いたりする必要もないのです。すべての重荷から、すべての怒りから、すべての思い煩いから私たちは自由にされている。イエス・キリストの十字架とは、それほど大きな神の恵みなのです。それゆえパウロは、この十字架なき福音を断じて認めません。神の恵みをあなたがたは無駄にするというのか。神の恵みをあなたがたは軽んじるのか。ここには、パウロの絶対に譲ることのできない信仰の戦いがあるのです。

神の恵みを必死で守ろうとする人々。私はそのような人々の姿を思うとき、今この時も、沖縄で必死に戦っている人々がいることを思わずにはいられません。今、沖縄の地において、米軍普天間基地移設問題の重荷を背負わされている人々がいます。国は普天間基地の移設先として、県外、国外を模索してきましたが、ついに沖縄の辺野古沖にこの基地を建設することを決めました。私もこの辺野古に行って、基地建設反対運動に加わったことがありますが、あの海は本当に神が与えた恵みの海だと思いました。青く透き通る海。生き物がたくさん住む海。絶対にこの美しい海を破壊させてはならない。そう決意をして、地元の人はもちろんのこと、日本中から基地建設に抗議するために、この辺野古へと足を運ぶ人々がいるのです。そこには大勢のキリスト者がいます。彼らは言うのです。「私たちは、この海が神の恵みであると信じるからここにいるのです。神が造られた美しい海に今、人を殺しに行くための基地が造られようとしている。人間が神の恵みを破壊し、そこに人を殺しに行くための基地を造ろうとしているのです。キリスト者として、創造主なる神を知る者として、黙っているわけにはいきません。絶対に、この海を明け渡すわけにはいかないのです」。神の恵みとは、私たちの信仰においてこれほど重要なものであるのです。何が何でも守り抜くべきもの。譲れないもの。手放してはいけないもの。軽んじてはいけないもの。忘れてはならないもの。それが、神の恵みというものである。私は、辺野古に集まるキリスト者たちを通して、そのことを深く心に刻みました。

パウロが示したキリストの福音、十字架の福音も同じです。私たちは、本当にこの十字架の前に立って、キリストの十字架に示された神の恵みを日々味わっているのか。何にも代え難い恵みとしてこの十字架を信仰の中心に置いているのか。それぞれの信仰に照らして改めて問いたいと思うのです。イエス・キリストの十字架によって私たちは皆赦されている。神に受け入れられている。それなのに、この十字架の恵みを忘れてなお人を裁き、自分を裁いてしまうという人はいないでしょうか。神が赦している者を赦せずにいる人はいないでしょうか。そうした人は改めて知るべきです。十字架の深い恵み、そこに示された神の計り知れない愛の味わいを知るべきです。そして、怒りや、悩みや、不安から解き放たれなければなりません。十字架とは、私たちが抱えるすべての思い煩いを真に自由にしてくれる、神の最大の恵みなのです。

（二〇一四年九月二一日、霊南坂教会朝礼拝説教）

まいりました

ヨブ記三八章一―一八節
使徒言行録一四章八―一七節

ヨブ記を読むと、私たちは冒頭から躓いてしまいます。なぜ、正しく深い信仰に生きる人が、こんな仕打ちを受けなければならないのか。なぜ神は、信仰に生きる人に、恵みや喜びではなく、悲しみや痛みに満ちた経験をさせるのか。ヨブ記を読む人は大抵の場合、一章、二章を読んだ辺りで困惑をしてしまうのです。しかし同時に、このヨブ記を読み進めていく中で、私たちは不思議な感覚を覚えます。初めは躓きでしかなかったこのヨブ記の物語が、だんだんと自らの経験に重ねられ、そこで繰り広げられる神とヨブ、また、ヨブと友人たちとのやりとりの中に、いくつも共感できることがあることに気づかされていくのです。

ヨブは、神公認のサタンの企てによって、財産も、家族も、名誉も、それまで持っていたものすべてを失いました。辛うじて残されたのは命だけ。しかし、この目を覆いたくなるようなヨブの境遇に、友人たちはあらゆる正論を語ります。あなたがこんな苦しみを経験しなければならないのはなぜか。それは、あなたの行いや言動の結果である。友人たちはそのようにヨブを責め立て、また、その苦しみに対して軽率な言葉を連ねるのです。それだけではありません。神もまたじっと黙り込んでいる。ヨブはそのような状況の中で、深い苦しみと孤独を覚え、神に怒りさえも抱いて嘆き続けていました。けれども、嘆いても、嘆いても、だれも自分の気持ちを分かってくれない。ヨブのこの孤独な姿は、私たち一人ひとりが経験する苦しみや孤独と、どこか重なるところがあるのです。

私たちも経験します。「神様どうして」と思えるような苦しみの経験を。しかも、この苦しみをだれも分かってくれない。神さえも分かってくれない。いったいなぜこの私が、こんな経験をしなければならないのか。私たちも、ときにそのような嘆きと孤独を覚えるのです。その意味で、ヨブ記という書物は、理解し難い躓きの物語であるのと同時に、私たちの人生に深く共感を示す、実にリアルな物語でもあるのです。

ヨブの嘆きと私たちの嘆きが共鳴します。その嘆きが頂点に達します。するとそのとき、そこに神の御言葉が聞こえてきます。それが、今朝お読みした三八章の御言葉です。神はここで、ご自身がこの世界の創造主であり、この世界の秩序をすべて支配している者であると告げています。ある意味で、この神の御言葉は、ヨブへの慰めの言葉というより、ご自身の偉大さと、その計り知れない力をただただ並べ、それをヨブに突き付けている言葉であると言えるでしょう。「お前は何を知っているのか。お前は嘆き、私に怒りさえもぶつけるが、その態度は正しいのか。お前の思いが及ばないところで世界は動き、お前の思いが及ばないところで私は働き続けているのだ。私は何もないところに大地を据え、闇の中に光を造った。お前は何か思い違いをしている。人は自分が、すべてのことを知っていると思い、落胆したり絶望を感じたりしているが、本当にお前はすべてのことを知っているのか。私はこの世界を支配し、いかなる闇にも、いかなる絶望にも、新しい希望を、その光を照らすことのできる者であるのだ。それでもお前がすべてのことを知っているというならいいだろう。言ってみるがよい」。この三八章の御言葉には、そのような神の厳しい語りかけが記されているのです。しかし、この厳しくもある御言葉を通して、神はヨブの、そして私たちの頑な心を打ち砕き、閉ざされた目を開こうとしておられます。

今朝の第二日課には、パウロとバルナバが、足の不自由な人を癒した出来事が伝えられています。注目すべきは、その驚くべき御業を前にした群衆の反応です。群衆は、パウロとバルナバの力を見て、バルナバをゼウスと呼び、パウロをヘルメスと呼びました。ゼウスとヘルメス。これは、ギリシア神話に登場する神々の名前です。ヘレニズム世界においては、神と人間との区別は不明確であったと言われます。そのため、力のある人物や優れた人物を神として崇拝することはよく行われることであったのです。しかし、当然聖書はこれを偶像と呼ぶわけで、パウロとバルナバもまた、群衆のその過ちを指摘します。この出来事の中から私は気づかされるのです。私たちももしかしたら、この誤った態度をとる群衆のように、これは神の御業とか、これは神の御業ではないとか、自分たちの思いや尺度で神という計り知れない存在を見つめることはないだろうかということです。自分にとって嬉しい出来事があったときには、これは神の恵みだという。しかし、自分にとって起きてほしくない出来事が起きてしまったときには、神は私を見捨てられたと思い込み、信仰を失っていく。そのように、自らのうちで勝手に神の働きの有り無しを見極めてしまうことが、私たちの日常にもあるのではないかと思うのです。

これが、偶像崇拝です。これが、偶像崇拝の危うさです。自分にとって都合のいい神を人が造り出してしまう。反対に都合の悪い神は人が勝手に破壊してしまう。まさに、ヘレニズム世界に生きる人々の多くは、そのような視点でいつも神を見ていたのです。しかし、パウロとバルナバは、そのような偶像崇拝に生きる人々にこう語りました。「神は御自分のことを証ししないでおられたわけではありません。恵みをくださり、天からの雨を降らせて実りの季節を与え、食物を施して、あなたがたの心を喜びで満たしてくださっているのです」。

人が神の働きを見ない中にも、神は確かに生きて働いている。雨というものはあまり人に好まれません。空は暗くなり、黒い雲が太陽の光を遮ります。しかし、人が嫌う雨の中にも、暗闇が支配するその世界の中にも、神は確かに生きて働き、その闇の先に、豊かな実りと喜びを与えてくださるのです。まさに、神がヨブに語りかけたように、私たちは神の御業を思い計ることはできない。パウロとバルナバの言葉は、その気づきへと人々を誘うのです。

厳しくも聞こえる神の御言葉によって、この後、ヨブの信仰の目は開かれていきます。ヨブはこれ以上ないほどの苦難を味わいながら、しかし、その中にあって神を見失っていた自らの生き方を悔い、神に心からなる懺悔の祈りをささげるのです。世界を造り、世界の秩序をすべて支配している神の姿に、ヨブは白旗を上げるしかありませんでした。「お前はすべてを知っているのか。知っているというなら言ってみよ」。その神の御言葉にヨブは、「まいりました」と言うほかなかったのです。計り知れない神の存在を、自らの思いの中だけで理解しようとしていた。しかしそれは、自分が心の中で造り上げた神であり、偶像の神でしかなかったのです。神は私を見捨てられた。神などもういないのだと思い込んでいたヨブ。しかし、神はその人間の思いを遥かに超えて、ヨブの姿をじっと見つめ、その言葉をじっと側で聞いておられたのです。

一九世紀のイギリスに、ジョン・キーブルという司祭がいました。彼はジョン・ヘンリー・ニューマンと共に、オックスフォード運動という英国国教会の改革運動に力を注いだ人でありました。このキーブルは、司祭であるのと同時に、大変味わい深い宗教詩を書く詩人でもありました。この、キーブルの詩の中に、いかなる状況にあっても神の救いの到来を待ち望むキリスト者の信仰をうたったものがあります。少々長いのですが、共に味わいたいと思います。

「吹き荒れる
凍たい木枯らしが収まって
小川が飛沫《しぶき》を上げて流れくだる季節は
まだまだずっと先のこと。
まどろむ幼児の閉じたまぶたに
母親がやさしく口づけするように
爽やかに渡る微風《そよかぜ》や穏やかな日影が
草木を目覚めさせて小さい花を開かせるのは
はるかに先のことなのだ。

それなのになぜ今、この侘《わび》びしい冬の季節
疑惑の暗い空の下で、喜ばしげに教会は
うなだれる頭を敢えてもたげて仰ぐのか、
あたかも邪悪な時代は既に去ったかのように。
教会にはときを見分ける賢さもないのか、
春が訪れるまでは若葉を萌え出さない樹や草や

今はまだ、畳んだ翼の羽毛の中に
身をすくませている小鳥たちの賢さを。

教会は力と炎の御言葉を知っている。
決して絶えることのない愛の約束を。
主がかつて語られた終わりの日の徴《しる》しの数々、
吹き荒《すさ》ぶ嵐、揺れ動く大地、押し寄せる津波、
世界を裂く戦争、掃き落とされる天の星々。
旧い世界が溶け去るのを教会は見ている。
また、この恐るべき終末の嵐の彼方に
教会は救い主を仰ぎ見ている。信仰によって。

しかし主は、既にお前の家の軒下に
じっと耳を傾けて立っておられる。
しっ――静かに。沈黙するのだ。
口を閉ざせ、主が聴いておられる。

またキリストは炉辺に佇《たたず》み見ておられる。
もう「空騒《からさわ》ぎ」はやめようではないか。
お前の悔い改める声が聞こえはしまいかと
主はそっと、待っておられる。

今こそお前がなすべきことは
おぼろな靄《もや》を貫いて、視線を高く挙げること。
大空のかなたに広がる輝く曠野《こうや》へと
静かで確かな眼差《まなざ》しを向けること。
憐れみに満ちた主の道を備えるために
使命を担う者たちを御使いと呼んで、
天の命を地にもたらすために
戦え、と主は言われる。

まどろみは如何に心地よくとも、
今は休息のときではない。

さあ、行動開始だ、
怠惰の寝床に戻ってはならない。

たいまつは無駄に灯してあるのではない。

暗黒はいよいよ深まり、夜は更けていく。

主の呼び声が響き渡る夜半は近い」（ジョン・キーブル『光射す途へと――教会暦による信仰詩集』今橋朗訳、日本キリスト教団出版局、二〇一三年、三六―四〇頁）。


キーブルがうたうように、教会はいかなる暗闇の中でも、あたかも時を見分ける力がないかのように、絶えず頭を上げるのです。すべてを支配しておられる神が、必ずこの苦しみを取り去ってくださる。そしてすべてを意味ある出来事とし、そこに驚くべき実りと喜びを与えられる。教会は、その恵みを先取りし、その信仰に立つゆえに、絶えず希望を持ち続けるのです。神などいないと思えるときでも、神は私たちの側にいて、じっと私たちの姿を見ておられる。その声を、その祈りを聞いておられる。そして、私たちが気づかぬうちにも、神が遣わした救い主イエスは、その十字架を背負いつつ、私たちの重荷を共に担ってくださっているのです。神は、私たちの気づきを待っておられます。私たちが経験する出来事はすべて、イエスの十字架と復活と共に、間違いなく神の栄光へと向かっていくのです。その確かな信仰と希望へと私たちの目が開かれていくように、神はずっと待ち続けておられます。

ヨブは、偉大な、そして計り知れぬ神の御業を前にして、「まいりました」と両手を上げました。私たちは今、また違う意味で、「まいりました」と言いましょう。「今日もまた、生きて働くあなたを信頼して、あなたの御前にやってまいりました。どうかこの苦しみの多い現実に、なお生きて働くあなたの御言葉を示してください。どうか、私の苦しみに、共なるキリストの恵みを示してください」。そう神に祈り、心の内にあるすべての思い煩いや疑いを捨てて、今日も共に、神の御前に立ちたいと思うのです。

（二〇一四年一〇月二六日、霊南坂教会朝礼拝説教）

七色の約束

創世記九章八—一七節
ローマの信徒への手紙五章一二—二一節

　人は皆、いつかは死を迎えます。これは避けようのない事実です。しかし、この避けようのない事実を前に、私たちはときに恐れを覚え、またときに深い悲しみを覚えます。自らの死を考えれば不安になり、愛する者の死に直面すれば、遺された者は深い寂しさを覚えます。これもまた事実です。死という避けようのない事実と、その死に対して沸き上がってくる感情の事実、この二つの事実に対して、私たちはどのように向き合うべきなのか。それは、人の命を考える上で、永遠のテーマであると言えるでしょう。

　しかし、この永遠のテーマを考えるときに、私たちは先に述べた二つの事実と共に、もう一つの事実があることにしっかりと目を向けなければなりません。それは、この死という避けようのない出来事に対して、命の与え主である神が、どのように関わり働いてくださっているのかという事実です。この第三の事実を見つめることによって、私たちは死という出来事を全く新しい視点で見つめ直すことになるのです。

与えられた創世記の御言葉は、多くの方に知られ、愛されている、「ノアの箱舟」の物語です。地上に、人の悪が増してきたのを見て、神は人を造ったことを後悔されました。そして神は、一度創造したものを洪水によって滅ぼし、この世界に今一度、悪を知らない人の命を創造しようと考えるのです。しかしそこに、神と共に歩む一人の人がいました。その名はノア。神はこのノアに箱舟を造るように指示し、その箱舟によって、ノアとその家族、そしていくつかの動物を、洪水の裁きから救い出そうと考えるのです。

ノアは神の御言葉を聞いて、すべて指示された通りにしました。そして、箱舟の扉が閉まると、神の御言葉の通り地上に洪水が起こり、箱舟の外にいた人々や動物は皆、その命を滅ぼされてしまいます。

今朝与えられた御言葉は、その洪水が収まった後の出来事を伝えています。洪水が収まって箱舟の扉が開きます。すると神は、ノアの家族と動物たちに祝福の言葉を語り、もう二度と肉なる者の命を滅ぼすことはしまいと約束をされるのです。そして、その約束のしるしに、神は虹を置かれたのでした。

このよく知られた物語を読んで、私たちは何を思うでしょうか。おそらく多くの方が、この物語をハッピーエンドの物語として読むのではないかと思います。「ノアの箱舟」と名付けられているように、この物語の主人公はノアです。ですから、このノアとその家族が救われたことを受けて、私たちは自然と、これをハッピーエンドの物語だと理解してしまうのです。私も幼い頃から、この物語を何度も読んできましたが、紙芝居や絵本においても、箱舟から出て、虹の下に立つノアの表情はとてもにこやかで、晴れ晴れとしています。あたかも、自分たちだけが救われたことを心から喜んでいるかのように、その表情は実にハッピーであるのです。

しかし、このありきたりな描写によって、私たちはある先入観を植え付けられていると言ってもいいでしょう。よく考えてみたいのです。本当にノアはハッピーだったのでしょうか。本当にノアは満面の笑顔で虹の下に立っていたのでしょうか。私は決してそうではなかったと思います。ノアたちが救われた背後に、多くの人や動物の死、神によって造られた一つひとつの命の滅びがあった。私たちはそのことを決して忘れてはならないのです。滅びた命がどんなに悪に満ちていようとも、その滅びを喜べる死などあるはずがありません。最近は、正しい戦争とか、正義の戦争とかいう言葉が聞かれますが、戦争に正しさや正義なんかあるはずはない。どんなに悪を働いている人がいようとも、どんなに憎しむべき敵がいようとも、人の死は人の死なのです。命の滅びは命の滅びなのです。それは、神が愛して造られたはずの尊い命が失われるということにほかならないのです。その死を笑顔で見つめられる人がどこにいるでしょうか。その死を心から喜べる人がどこにいるでしょうか。敵と戦い、戦争から帰ってきた兵士が、ＰＴＳＤを発症して心に深い傷を負うという報告が数多くなされています。そのことが象徴しているように、人間はいかなる理由があろうとも、人の死を目の当たりにして、深い痛みを覚えるのです。

だとすれば、ノアは果たして、本当に満面の笑顔で虹の下に立っていたのでしょうか。そんなことは、聖書のどこにも書いてありません。ノアはただ、箱舟から出て、そこに祭壇を築き、神を礼拝したということが書かれているだけなのです。

ノアはそこで、神に慰めを祈ったかもしれません。死んでしまった人たちを追悼し、彼らのために執り成しの祈りをささげたかもしれません。いずれにしても、ノアは複雑な気持ちで、虹の下に立っていたことでしょう。自分たちだけが遺されてしまった。隣に住んでいたあの人も、幼い頃から親しかったあの人も皆死んでしまった。自分たちの目の前で死んでしまった。助けてやれなかった。助けてやりたかった。心の優しいノアは、そう寂しさと罪悪感さえも覚えながら、心に深い痛みを抱えて、虹の下に立っていたのではないかと思うのです。

考え過ぎでしょうか。いや、しかし、「無垢な人であった」というノアの人物像を想像するならば、そう考えた方が自然であると思います。ノアの優しさ、誠実さはきっと、箱舟に入ることができなかった人々や動物たちにも心を砕いたはずなのです。そしてそれでこそ、神がノアに示した契約と、そのしるしである虹は、大きな意味を持ってくるのです。

神は、「もう二度と、肉なるものをすべて滅ぼすことはしない」と語られました。神がなされたことに戸惑い、心を痛めるノアに、神はそう慰めの御言葉を語ったのです。この御言葉からまず私たちが気づかされることは、この箱舟の出来事以降、人の死は神の裁きではなくなったということです。私たちの命も、今日この礼拝で覚える、私たちの愛する一人ひとりも、決して神の裁きによって死を経験するのではない。そのしるしに、神は虹を置かれたのです。虹という言葉は、ヘブライ語では「弓」を意味する言葉です。英語でも、虹はレインボー（rainbow）と言い、「雨」（rain）と「弓」（bow）という言葉が結ばれています。私たちは虹というと、橋を思い浮かべるかもしれませんが、虹というのはもともと弓をイメージするものであったのです。言うまでもなく、弓は武器です。それは裁きの象徴です。しかし、神はその弓を置かれた。虹を置くというこの言葉は、戦いの終わりを示し、ほかならぬ神の裁きの終焉を物語っているのです。

虹はまた、実にカラフルなものであることにも気づかされます。一般的にそれは、人間の目に見える範囲において、七色であると言われます。七という数字は、聖書における完全数です。つまり、この七色の虹は、余すところのない、完全なる神の約束を表しているのです。

ここにいる一人ひとりがそうであるように、悲しみや痛みと一言で言っても、その形は実に多様なものであるでしょう。愛する人を失って、確かに私たちは悲しみを覚える、寂しさを覚える、痛みを覚える。しかし、十人十色という言葉があるように、その心のあり方は皆それぞれであるのです。先に召された愛する人と再会をしたいと思っている人もいれば、先に召された愛する人が神様のみもとで平安であってほしいと願っている人もいるでしょう。神は、そのすべての思いを余すところなくご存知なのです。そして、そのすべての悲しみをご存知だからこそ、神は愛する人の死を経験したすべての人に、必要な形で、必要な慰めを与えてくださる。その約束の確かさを象徴するものこそ、七色の虹であるのです。ノアも、その家族も、箱舟に乗った動物たちも、更にはすでに裁かれてしまった一つひとつの命にも、神は完全なる慰めを与えられるのです。

そして、その慰めの約束を成就させてくれるものこそが、イエス・キリストの十字架と復活でありました。イエス・キリストは、十字架の死を経験した後、陰府に降り、三日目に復活をされました。それは、今朝皆さんと共に告白した使徒信条に示されている通りです。この死と復活の間にある陰府、それは、死を経験した者が最後の審判を待つために、一度はその身を置くところであると考えられています。裁きによる死を経験した人も、そうでない人も、最後の審判を待つために一度はこの陰府に降る。しかし、そこに十字架の死を経験したイエスがやって来てくださるのです。そして、余すところなくすべての命をイエスと共に復活させてくださる。このイエス・キリストを通した、神の大きな愛と恵みによって、かつてノアたちに示された七色の完全なる約束は、確かに成就をしたのです。

神は裁きのお方ではありません。確かに、神の裁きを示す出来事は、聖書に数多く記されています。しかし神は、思いを変えたのです。ご自分の独り子イエス・キリストを世に遣わすことを通して、神はいかなる命もすべて、ご自身のみもとに置き、すべての命に平安を与えてくださることを約束されたのです。

ノアが見た虹は雲の中に置かれました。雲一つない晴天の中にではなく、どんよりとした雲の中に置かれたのです。ここが大切です。それはまさに、私たちの心を表しているのです。私たちはすべての悲しみが慰められ、すべての命が救われることを知っても、その約束を知ってもなお、なかなか確信を持てません。悲しみはまだ悲しみでしかない。不安はまだ不安でしかない。私の命は、あの人の命は……。私たちはそのようにして、なお心の中に、希望の光を遮ろうとする雲を持つ者であるのです。しかし、約束の虹は、その雲の中に置かれました。神が私たちの心の内にある雲を理解してくださっているのです。神は、「今すぐに、心を晴れ晴れとさせなさい」「悲しまないで喜びなさい」とは言われないのです。

なおもやもやとした気持ちを持っている私たち。まだ悲しみの雲を持っている私たちを神は受け入れてくださっている。だからこそ、神はあえてその雲の中に、美しく輝く虹を置いてくださったのです。

ここに集うすべての人の心に、今日神が慰めの虹を置いてくださるように。どんなに分厚い雲にさえ、小さな隙間はあるものです。私たちの心の雲にも、木漏れ日が差し込むような小さな隙間があるはずです。その隙間から、神が置いてくださる約束の虹を、今日ご一緒に見ようではありませんか。

（二〇一四年一一月二日、霊南坂教会朝礼拝説教〔召天者記念礼拝〕）

立ち上がれ

ルカによる福音書二二章三九―五三節
イザヤ書五六章一―八節

イエス・キリストは、弟子たちを連れてオリーブ山へと向かいました。「いつものように」、「いつもの場所に」と記されていますから、ここは、イエスが日常的に祈りをささげていた場所であったのだということが分かります。この日も、イエスは弟子たちと共に、いつものようにこの山に登ったのです。しかし、もしかすると弟子たちは、今日は特別に、ここでとんでもないことが起こるのではないかと期待をしていたかもしれません。

直前のところで、弟子たちが剣を二振り用意していることが告げられています。彼らは剣を持って、オリーブ山へと向かったのです。多くのユダヤ人たちは、ローマ帝国からの解放をもたらす力強い救い主を待望していました。弟子たちも例外ではありません。イエスこそローマの軍隊に勝る将軍であり、ユダヤ人を解放する救い主なのだ。弟子たちはそのように信じていたのです。

ですからここで、剣を持って山へ向かうということは、これからローマへの反逆に向かう決起集会でも行うのではないかという想像をさせるのです。弟子たちは、ついにこの時が来たと思いながら、剣を持ち、血気盛んにオリーブ山を登っていったのです。

確かに、ここではいつもと違うことが起きたのです。しかし、そこで待ち受けていた光景は、彼らの予想を覆すものでありました。その特別な光景は、彼らが期待した光景ではなかった。そこで彼らが見たものは、弱々しくひざまずくイエスの姿であったのです。

この当時の祈りというのは、立って祈る習慣があったと言われています。いつものイエスなら、いつものこの場所で、立って祈っていたはずなのです。特にこの日、弟子たちは剣を持って山に行っていましたから、その剣を高く天に掲げるような、より力強いイエスの姿を、その祈りを期待したことでしょう。

ところが、イエスはひざまずき、苦しみもだえながら祈られた。イエスと弟子の距離は、石を投げて届くほどの距離でした。つまり、その姿が見えるほどのところにいたということでしょう。祈りの声も聞こえたかもしれません。「父よ、御心なら、この杯をわたしから取りのけてください。しかし、わたしの願いではなく、御心のままに行ってください」。十字架の苦しみを前にして、その苦しみの杯を取りのけてほしいと願うほどのイエスの嘆き。しかし、その苦難のただ中にあってもすべてを神に委ね、すべてを必要なこととして受け入れようとするイエスの祈りが、その姿が、弟子たちの前に示されたのです。

いつもは立って祈るイエスが、このときばかりはひざまずいて祈られました。汗が血の滴るように地面に落ちる。それほどに、イエスはここで渾身の祈りをささげたのです。私たちは、このイエスほど本気で祈ったことはあるのだろうか。イエスはここで、私たちが経験したことのないほどの深い祈りをささげている。私たちには到底真似できない、次元の違う祈りをイエスはここでささげている。私たちはそのように思うかもしれません。しかし、そうではないのです。イエスはなぜひざまずかれたのか。いつものように力強く、立って祈ることをしなかったのか。それは、ときに立って祈ることができなくなってしまう私たちの姿に、ときに祈っても苦しみの中から立ち上がれない私たちの姿に、寄り添うためだったのです。

「ひざまずくイエスを、天使が力づけた」と記されています。そしてイエスは祈りを終えて、立ち上がったと記されているのです。イエスはこの姿を、弟子たちに見せたかった。自分の力では立ち上がれない、立って祈れない者が、祈りの中で神に支えられ、神と出会い、再び立ち上がることができる者へと変えられる。この姿を、この祈りの力を、この祈りがもたらす大きな変化を、イエスはご自分の姿を通して、弟子たちに示したかった。これは、次元の違う祈りではない。神の助けを受けて、あなたがたにもできる祈りなのだと、イエスは示したかったのです。私たちにも起こることなのです。私たちは、イエスのようにこんな本気で祈ったことはない。こんな祈りは私にはできない。苦しみを前にして、「御心のままになりますように」などと祈れるはずがない。そんなに私は強くないと思うかもしれません。

しかし、そうではないのです。確かにあなたは弱いかもしれない。あなたは立って祈ることができないかもしれない。祈っても、祈っても、自分の力で立ち上がることはできないかもしれない。しかしあなたは祈りの中で、神との出会いを経験することができるのだ。祈りの中で、神はあなたと出会われ、あなたを支えてくださるのだ。その支えによって、あなたは再び立ち上がることができるのだ。イエスは、そのことを示すために、ここであえてひざまずかれ、苦しみもだえながらも神に支えられ、祈り続けた。そして、その祈りの中から立ち上がったのです。

ところが、イエスが弟子たちのところに戻ると、弟子たちは悲しみの果てに眠り込んでいました。弟子たちのこの悲しみとは何だったのでしょうか。苦しみもだえるイエスの姿にショックを隠せなかったのか。イエスの死を悟ってその別れを悲しんだのか。イエスが示した渾身の祈りに、自分にはそんなことはできないと、イエスに従いえない自らの信仰を悲しんだのか。いろいろと考えることができます。いずれにしても、ここにはイエスの祈りを共にできなかった弟子たちの姿があるのです。

イエスはこの弟子たちに何と言ったでしょうか。「なぜ眠っているのか。誘惑に陥らぬよう、起きて祈っていなさい」と言われたのです。私たちは、弟子たちが眠り込んでいたという光景と、

「なぜ眠っているのか」というイエスの言葉に、心を奪われすぎてしまうかもしれません。確かに私たちは、人の長い祈りを聞いたり、つまらない説教を聞いたりすると眠気に襲われ、眠ってしまうことがあります。「ほら、そこの寝ている人！」。そんな風に言われたら、皆ドキッとします。しかし、イエスがここで語っているのは、そんなことではないのです。文字通り眠っていることを叱っているのではない。たまには説教中に寝ている人がいてもいいでしょう。たまには祈っている間に寝てしまう人がいてもいいでしょう。一番の問題は、祈ることを必要としなくなること、祈ることに価値を見いだせなくなることなのです。

「起きて祈っていなさい」とイエスは言われました。実はこの「起きて」という言葉は、イエスが祈り終わって立ち上がられたときの「立ち上がる」という言葉と、同じギリシア語が使われています。つまりイエスはここで、「立ち上がれ」と弟子たちに語っているのです。「誘惑に陥らぬように、立ち上がって祈っていなさい」。「誘惑に負けないで、祈りの中から立ち上がりなさい」。イエスはそう言ったのです。

その意味で、ここで語られている「誘惑」とは、祈らなくなること、あるいは、祈れなくなることだと言えるでしょう。「どうせ祈ったって何も変わらないじゃないか」。そんな風に、祈りの力を信じられなくなる。祈りの力を信じられないから、祈りの中で神と出会うことや、神に支えられること、神によって変えられ、再び立ち上がらせてもらえることも信じられなくなる。人は誘惑に遭うとき、自分の力だけに頼るようになり、剣を持ち、力づくで、目の前の現実を自分の思い通りにしようとするのです。人を傷つけてまで、人を蹴落としてまで、自分の力で状況を変えようとする。「御心のままに」と祈れなくなる。その誘惑の先には、神への信頼と、隣人への愛を失った、深い罪が横たわっているのです。

四七節以下には、この祈れなくなった人々の罪が露わになっています。イエスを裏切ったユダをはじめとして、イエスと共にいた人々の中からも、剣を抜く人が出てくる。けれどもイエスは、「やめなさい」と言うのです。

私たちはどうでしょう。祈っていますか。苦しいとき、嫌なことがあったとき、嫌な人がいたとき、この状況を変えたいと心から願うとき、剣を持つのではなくて、祈っていますか。「この苦しみを取りのけてください」と願いつつ、「しかし、わたしの願いではなく御心のままに」と、すべてを主に委ねて祈っていますか。

恥ずかしいことですが、私はこの祈りの力を信頼していませんでした。私は五年前に霊南坂教会に遣わされました。使命感を持って、血気盛んにこの教会にやってきました。けれども、私のその意気込みは、実に的外れであったことに気づかされた五年間でありました。やってやろうじゃねぇか。そう思いながら、自分の賜物を信じ、言葉や行動を尽くして、いや、言葉や行動を駆使して、この教会のあらゆる課題と向き合ってきたのです。しかし、私のその生き方が強くなればなるほど、人を傷つける瞬間が多くあったことを思います。ある日私は、先輩牧師に嘆きました。「牧会って難しいです」。すると、先輩牧師は言いました。「祈ってるか。物事っていうのは、自分で何かをやろうとすると大抵の場合失敗するものだ。祈って待つ勇気も必要だぞ」。私はこの五年間を通して、祈りが持つ本当の力に気づかされたように思います。そして、教会というところは、人の思いが実現される場所ではなく、本当にそこが祈りの宮となることを通して、神の御心を、呼び集められたすべての者と共に、体現させていく場所なのだと気づかされたのです。

今日は棕櫚の主日です。イエス・キリストが、エルサレムに入城して、いよいよ私たちの罪のために受難の道を歩まれる。そのことを覚える日です。イエスがエルサレムに入城してから、最初になされたことは何だったでしょうか。宮清めです。神を礼拝するはずの神殿に、人間の思いや欲望が満ちていた。イエスはその光景を見て悲しみ、激しく怒り、人々を追い出してこう言ったのです。「わたしの家は、祈りの家でなければならない」。私は今、このイエスの言葉を、霊南坂教会の愛する兄弟姉妹と共に聞きたいのです。そして、この言葉を聞いて、この言葉が示す祈りの中から、本当にこの霊南坂教会が立ち上がり、皆が一つとなり、神に喜ばれる教会になっていく姿を私は見たいのです。

私たちは無力です。的外れです。自分が正しいと思うことがあっても、それが神の御心であるのかどうか、いつも疑わしい中を生きています。だから、私たちはいつも誘惑に負けることなく、神の前に立って祈ることから始めなければなりません。自分の力に頼ることから解き放たれて、自分の思いを押し通すことから解き放たれて、人を傷つけてしまうその過ちから遠ざかって、私たちはまず祈る者でありたい。この祈りの中で神の御心を尋ね求めるならば、私たちはそこで神と出会い、神に支えられ、いかなる苦難を前にしても再び立ち上がることができる。そして、生きるべき信仰の道を、呼び集められた仲間たちと共に、歩み続けていくことができるのです。「祈りの中から立ち上がれ！」。この御言葉を携えて、新しい一週の旅路を始めましょう。

（二〇一五年三月二九日、霊南坂教会朝礼拝説教）

いってきます

マタイによる福音書二八章一六―二〇節
イザヤ書六章一―八節

本日をもって、私はこの霊南坂教会を旅立ちます。ここ数週間、皆さんからあたたかな別れの言葉をかけていただきました。「今までありがとうございました。どうぞ気をつけていってらっしゃい」。その言葉を聞くたびに励まされ、勇気を与えられたものでありました。

私はもちろんその言葉に感謝し応えて「いってきます」と言うのですが、あるときふと気がつきました。次の週も、またその次の週も同じ方と顔を合わせて、同じやりとりをしているのです。そろそろ、「まだいるんですか。早くいってらっしゃい」と言われるような気がして、最近はビクビクしながら、「いってきます」と応えていました。

けれども、よくよく考えてみれば、この「いってらっしゃい」、「いってきます」という挨拶、それを毎週繰り返すことは、実はとても信仰的な挨拶なのではないかと思わされています。私たちは通常教会を去るときになんと声をかけ合っているでしょうか。おそらく「さようなら」とか、「気をつけて」とか、「また来週」とか、そういう言葉を交わしているのではないかと思います。どれも、互いを思いやる挨拶であり、私たちのうちから最も自然に発せられる挨拶だと言えるでしょう。しかしここで、私たちはキリスト者であるという自覚を強くします。教会というところ、礼拝という体験、それはいったい私たちにとって何であるのかということを想い起こすのです。するとどうでしょうか。私たちにはもっと的確な、意識的に交わされるべき挨拶があるのではないかと気づかされるのです。

私たちはそれぞれの一週の旅路を終えて、この礼拝へと帰ってきます。そして再び、この礼拝からそれぞれの日常へと遣わされるのです。その際私たちはこういう言葉を聞きます。「あなたがたは行って、すべての民をわたしの弟子にしなさい」。イエス・キリストの、大宣教命令とも言われる派遣の言葉を聞いて、私たちは礼拝を終え、この教会からそれぞれの日常へと出かけていくのです。いわば私たちは「いってらっしゃい」というイエスの言葉を毎週聞いているのです。そうであるならば、私たちはそのイエスの言葉に応えて、「いってきます」とこの教会から出かけていくべきではないか。そして共に遣わされる私たちも、互いにイエスの言葉を思いながら、「いってらっしゃい」「いってきます」と毎週挨拶を交わしてもいいのではないか。それは全然おかしいことではない。私はそのように思うのです。

「弟子たちはガリラヤに行き、イエスが指示しておかれた山に登った」。今日のところは、そのような言葉によって始まっています。これは、イエスが十字架の死と復活の御業を果たされた後の出来事です。イエスが指示しておかれたガリラヤの山。この山はいったい、どの山なのでしょうか。私たちはここで、かつてイエスがガリラヤのある山で行われた、一つの重要な出来事を想い起こします。それは、マタイによる福音書の五章から七章に語られている、いわゆるあの山上の説教です。イエスが弟子たちと群衆を前に、御言葉を語り、こう生きなさいと信仰を示された場所。「ガリラヤの山といえば、あの山しか思いつかない」。そう思えるような特別な思い出が刻まれた場所。それが、ここで弟子たちが登ったガリラヤの山なのではないかと思います。

弟子たちはそこへ行って、イエスに再び出会ったのです。そして「ひれ伏した」と書かれています。礼拝をしたのです。イエスの山上の説教を聞いたあの山で、再びイエスに出会い、そこでイエスを礼拝する。そのような弟子たちの姿がここに描かれています。ところが、その礼拝する弟子たちの中に、なお疑う者もいたということが赤裸々に語られています。何を疑ったのか。もちろん、イエスの復活を疑っていたのです。私たちが今ひれ伏し礼拝しているこの方は本当にあのイエスなのだろうか。そう疑いながらも、一応形の上ではひれ伏して礼拝をしている。そのような弟子たちの姿がここにあるのです。弟子たちを美化するならば、こんなネガティブな情報は消し去るべきでしょう。しかし、マタイはあえてそれを記した。この記述が必要だったのです。

この後イエスは、疑う者がいることを何も気にしていないかのように、彼ら全員に派遣の言葉を語ります。他の福音書においては、疑う弟子に対してイエスがその体を見せたり、「なぜ疑うのか」と咎めたりする光景が記されています。しかしマタイは、ここでそうしたことを一切記しません。いったいなぜか。そこにマタイの深い信仰理解があったのです。マタイがこの福音書を書いたのは紀元八〇年頃だと言われますが、その当時の教会にも、つまりマタイの目の前にも、あの弟子たちと同じように疑いつつ礼拝を守る人々がいたのです。しかしイエスは、その人たちをも、今日この礼拝から、ご自分の御業のために世に遣わしてくださる。マタイの確固たるその信仰が、ここにはっきりと映し出されているのです。

私たちにとっても、これは大変大きな意味を持っています。気づいたでしょうか。今私が語ってきたことのすべては、私たち自身に毎週与えられている出来事であるのです。弟子たちは、かつてイエスが御言葉を語られたその山に登り、そこでイエスを礼拝しました。私たちもそうなのです。毎週山を登るかのように、丘の上に立つこの教会へとやってきます。この教会は、私たちにとって特別な場所です。ここはイエスの御言葉を何度も聞いた場所であり、イエスとの特別な思い出に満ちた場所であるのです。今日も私たちは、その特別な場所にやってきました。そして今、イエスを礼拝しているのです。しかし、私たちのうちにはそれぞれに、疑いの心があることを否定できません。洗礼を受けてキリスト者になっても、私たちは幾度も日常の困難に直面し、信仰が揺さぶられる経験をするのです。

もしかしたら、今日もそのような思いを抱いて、ここにいるという人もいるかもしれません。でも、そんな私たちにも、イエスは期待しておられるのです。そんな私たちでも、イエスは必要としてくださり、ご自分の御業のために用いてくださるのです。私たちの疑いの心をイエスは問題とされない。受け止めてくださる。そして力強く、この教会から、この礼拝から再び世に遣わしてくださるのです。

イエスはこう言いました。「わたしは天と地の一切の権能を授かっている。だから、あなたがたは行って、すべての民をわたしの弟子にしなさい。彼らに父と子と聖霊の名によって洗礼を授け、あなたがたに命じておいたことをすべて守るように教えなさい。わたしは世の終わりまで、いつもあなたがたと共にいる」。「あなたがたに命じておいたこと」、それは、私たちに毎週語られている御言葉です。弟子たちにとっては、山上の説教を想い起こさせるものであったかもしれません。その御言葉を、世界中の人々にも伝え広めて、すべての人々をイエスの弟子とするべく洗礼を授けなさい。この世界にはまだまだ、神の愛を知らない人々がいるのだ。この世界にはまだ飢え渇き、救いを求めている人々がいるのだ。私があなたがたに教えたように、その人々にも私の福音を伝えなさい。あなたが救われたその喜びを、世界中の人々と分かち合いなさい。イエスはここでそのようなことを語っておられるのです。

私はこれから海を越えて、アメリカのシカモア組合教会というところに遣わされようとしています。シカモア教会は、一九〇四年に同志社の卒業生である大久保進次郎牧師と、数名の日本人留学生によって創立された教会です。アメリカに行っても日本語で御言葉を聞きたい。そう心から願った人々が、この教会を生み出したのです。その後も教会は、日系移民のコミュニティーとして大きな役割を担ってきました。日本人というマイノリティーの痛み、戦時下における厳しい迫害、それらを乗り越えながら、なお日本語を母語とする人々に、キリストの愛を伝え続けてきたのです。しかし今や時代は変わり、三世、四世の時代になりました。すると、日本語を話す日系人は減り、教会にはむしろ、英語しか話せない人々が増えてくるのです。シカモア教会には英語部と日語部という二つの働きがありますが、今は英語部が三〇人ほど、日語部は十数名で礼拝をささげています。これは、アメリカ各地の日系教会で課題とされていることでありますが、日語部の衰退とともに、だんだんと教会内に日語部の必要性を問う声が出てくるとも言われるのです。存在意義が問われる。大変厳しい状況です。

ちょうど先日、日語部の信徒からメールが来ました。私の到着を待っている、と。そしてその方は、日語部の状況をこう伝えてくださいました。「最近は、礼拝出席が五名しかいない日も経験しました。しかし、私たちはどんなに小さな群れであっても、日本語で礼拝を守り、日本語で御言葉を聞きたいのです」。一層に状況は厳しさを増しているのだと痛感しながら、しかし私は俄然心が燃えました。イエスは私に、すべての民に宣べ伝えよと語りかけてくださっているのです。すべての民ですから、そこに一人でも日本語で御言葉を聞きたいと願う人がいる限り、この一人を決して軽んじてはならない。その一人のためにもイエスは行動をされるし、御言葉を語られる。そのイエスの宣教の業を担うために、私はこれから海を渡っていくのです。

けれども、やっぱり不安があります。この先いったいどうなるのか。こんな私に、イエスの業を担う力があるのか。考えれば考えるほど不安は膨らんでいくのです。それこそ、疑いの心を持つのです。しかし、そんな思いを抱えつつも、私はこの御言葉に励まされます。イエスは言うのです。「私は天と地の一切の権能を授かっている。その私が、世の終わりまで、いつもあなたたと共にいる。だから、あなたがたは行って、すべての民を私の弟子にしなさい」。私は一人ではないのです。私の力で何かをするのではないのです。すべてを支配しておられるイエスが、いつも、いつまでも私と一緒にいてくださる。私は福音宣教の業を託されながらも、あくまでもそこで力を与え、働いてくださるのは、イエスご自身であるということに気づかされるのです。

この御言葉は牧師にだけ向けられている言葉ではありません。今日、この礼拝に集ったすべての人に向けられている言葉です。疑っている人にも、自信がない人にも、イエスは今日この御言葉を語ってくださるのです。そのために、私たちは今日この礼拝へと招かれました。あなたが受けた神の愛を、あなたが受けた神の恵みを、あなたが受けた神の救いを、今度はあなたが、イエスと共に世の人々に宣べ伝えていくのです。
「さあ、いってらっしゃい」。イエスの大宣教命令が、今日も私たちに語られます。私たちは言いましょう。「いってきます」と。この言葉をもって、今日もこの礼拝から、イエス・キリストの弟子として、それぞれの遣わされる場へと、共に旅立っていきましょう。

（二〇一五年五月一七日、霊南坂教会朝礼拝説教）

色眼鏡をはずす

ヤコブの手紙二章一―九節

日本での生活と、こちらに来てからの生活で最も変わったことといえば、日常的にサングラスをかけるようになったということです。日本においてもサングラスをかけることはあったのですが、もともと私の顔が悪そうな顔をしていますので、サングラスをかけて歩くたびに、友人から「恐い」とか、「悪そう」とか、そうした言葉をかけられることがあったのです。私は牧師ですから、イメージを落とすのはあまりよろしくない。そのため、日本においてサングラスをかけることは極力避けてきたのです。

しかし、カリフォルニアの太陽にはさすがに我慢なりません。何よりもこちらの人々は、日本で生活する人々に比べて日常的にサングラスをかける習慣があるようです。そのため、私もその人たちに紛れて、今は抵抗なく、イメージダウンも恐れずに、目の保護という観点から日常的にサングラスをかけるようになったのです。

サングラスはいいものです。車を運転しているときも、眩しい太陽から目を守り、しっかりと視界を保たせてくれるのです。しかし、一つだけ難点があります。トンネルに入った瞬間、あるいは太陽が雲に遮られた瞬間、急に視界が悪くなるのです。当然そのときには慌ててサングラスを外すのですが、このことからも分かるように、サングラス、色眼鏡というものは、明るいところでは支障なく機能するのに対して、暗い闇の中においては、かえって見るべきものを見失わせ、人を非常に危険な状況に置いてしまうものなのです。

時々、夜でもサングラスをかけている人を見かけますが、あれは何なのでしょうか。実に謎です。何も見えないでしょう。とても危険です。あれはファッションなのか、あるいはもしかしたら、あまりにも日常的にサングラスをかけているので、自分がサングラスをかけていることを忘れて、視界の悪さにも気づかずに、そのままでいるのかもしれません。サングラスを日常的にかけている人は、自分がサングラスをかけているということを忘れないようにしなければなりません。暗闇の中に入ってもそれをかけ続けているならば、見るべきものが見えなくなって、とても危険な状況に置かれるのです。

私たちは皆、物心がついたときから、心に何かしら色眼鏡をかけているかもしれません。自分が育った環境、自分が育った文化、自分がどういう人と共に過ごしてきたか。そのようなことに影響を受けて、私たちは無意識のうちに、自分の中でのスタンダードというものを形作っていくのです。そしてそれが、気がつけば世界の常識のように思えてくる。

かつてある山に捨てられ、その後狼に拾われ育てられた人間の赤ん坊が、四つん這いで歩き、狼のように遠吠えをしている姿で発見されたことがありました。その赤ん坊にとっては、狼として生きることがスタンダードであったわけです。また、肌の色の違いについても、初めて自分と違う肌の色の人と出会った子どもが、とても驚いた表情で、これはいったいなんという生き物なのかと、首をかしげたという報告もあります。日本人が生魚を食べることに、驚きを覚える人もいるというし、生肉や更には人肉を食べる民族に対して、あれは野蛮な連中だと恐れを抱く人々もいると言います。

皆自分が育った環境をスタンダードに考えるのです。だから、そのスタンダードから外れている文化や風習、自分と見た目が違う人々には違和感を覚えることがある。これはまさに、自分が持つスタンダードという色眼鏡をつけて、地上に生きる他の命を見つめている。こうしたことにほかならないのではないかと思うのです。私たちは無意識のうちに、物心がついたときから色眼鏡をつけている。このことを忘れて生活をしてしまうならば、私たちは自らの心が闇に閉ざされたとき、見るべきものを見ることができず、差別や偏見という、神が最も悲しむことを行う者になってしまうのです。

今日の聖書に記されていることは、見た目で人を判断してしまうことの危うさです。人を分け隔ててはならない。人を差別してはならない。当たり前な道徳的とも言える教えがここに記されているわけでありますが、注目すべきことは、その差別が、人を見た目で判断することによって行われているという点です。もちろん、私たちの社会においては、考え方や生き方の違いから、人を分け隔てしたり、差別したりしてしまうということも起こります。しかしそれはある意味で、相手の考えや生き方を深く知っていくことを通して、人と人との関係の中に生じてしまう溝だと言うことができるでしょう。相手のことを知れば知るほど、受け入れがたい側面を見つけてしまうということも起こるのです。それもそれで課題であることは確かですが、今日の聖書が示していることは、それ以前の問題なのです。人を見た目で判断するということは、相手がどういう考え方を持っている人なのか。相手がどういう生き方をしている人なのか。そこまで深く相手のことを知っていないにもかかわらず、第一印象で人を評価し、分け隔てしてしまうということです。これは、あまりにも浅はかな行いであり、最もタチの悪い差別の形であると言わなければなりません。

金の指輪をはめた立派な身なりの人が来れば特別に目をとめて、汚らしい服装の貧しい人が来ればあっちに行けと言わんばかりに冷たくする。なんとひどい差別だと思われるかもしれませんが、今日の聖書ではこれが架空のたとえ話としてではなく、実際に初代教会で起きていた出来事として記されているのです。この初代教会の現実に直面して、私たちは何を思うでしょうか。きっと他人事では済まされないでしょう。私たちもまた、人を見た目で判断するということを、無意識のうちに行っている者であるのです。

この無意識のうちにというのが、最も恐ろしいことであるわけですが、一九七一年に、アメリカのアルバート・メラビアンという心理学者が、次のようなことを発見しました。人は対人関係において二秒から三秒で、すなわち見た目の第一印象でおよそ九〇%、その人のことを評価、判断しているというのです。これは、研究者の名にちなんでメラビアンの法則と言われますが、人は外見で五五%、話し方で三八%、そして最も肝心な話の内容はたったの七%。心理学的研究によれば、このような割合で、人が目の前の人を評価、判断しているというのです。こんな研究結果を見ますと、私の説教も、話の内容は七%しか聞かれていない。あとのおよそ九〇%は私の見た目や話し方なのかとがっかりしますけれども、一研究の成果としては、なるほど、確かにそういうこともあるかもしれないと思わされます。

潜在的に、無意識のうちに、人はその人の考え方や生き方や話の内容よりも、見た目で人を評価してしまう。心理学的に証明されているこの現実を、私たちは容易に批判することはできないのです。

私は聖書を通して、現実からかけ離れたことを語りたくはありません。聖書がきれい事、無理難題を押しつけている書物だと思う人もいるかもしれませんが、決してそうではないのです。今日の聖書の場合も、決して人を分け隔てしてしまうその心自体を消し去りなさいとまでは言っていない。聖書は、人間が皆、罪を持ち、過ちを犯し、弱い存在であるということを大前提にしているのです。だからこそ、イエス・キリストがその拭い去れないあなたの罪を、過ちを、弱さを解き放つために、十字架にかかってくださったのではないか。だからこそ、あなたはその神の愛と恵みに感謝し応えて、少しでもその罪を、その過ちを、その弱さを自覚して注意深く生きる必要があるのではないか。それが、聖書が私たちに語りかけていることなのです。

私たちは皆物心がついた頃から、色眼鏡をかけてしまっているのです。それは偽らざる事実です。この事実をまず受け止めることが大切でしょう。しかし、聖書はそれを捨て去れとまでは言っていません。それは、潜在的に、無意識のうちに、身につけてしまっているものですから、私たちの努力や注意深さだけでは、捨て去ることはできないものなのです。しかし、私たちは今まさに気づかされたように、こうして御言葉によって自らの心が照らされたときには、その色眼鏡を持っていても、生きるべき道を見つめ直すことができます。問題は、私たちの心が御言葉に照らされていないときなのです。御言葉が太陽だとするならば、その御言葉に照らされていないときというのは、トンネルの中か、あるいは太陽が雲に遮られているとき、心が暗闇の中に置かれているときだと言えるでしょう。はじめにも言ったように、その闇の中においても私たちが色眼鏡をつけ続けているならば、私たちは見るべきものを見失い、その色眼鏡によって、人を見た目で判断し、分け隔て、無意識のうちに人を差別してしまうということになってしまうのです。

では、どうしたら良いのでしょうか。それは、もうすでに語っていることです。私たちの心に、いつも御言葉の光を照り輝かせておくことが大切なのです。生まれ持って、潜在的に、無意識のうちに持ってしまっている色眼鏡を捨て去ることはなかなかできない。今日の説教題は「色眼鏡をはずす」としましたけれども、この色眼鏡を完全にはずすことなど、私たちには到底できることではないのです。そうであるならば、その色眼鏡を持ち続けてしまっている中でも、見るべきものが見える状態に自らを置き続ける必要があるということではないでしょうか。いついかなる時も、御言葉という太陽の光を浴びて、その御言葉によって心を明るく照らされて、色眼鏡をもってしても見るべきものを見えるようにしておく。そのことによって、私たちは今日の聖書に応える歩みを、一歩前進させていくことができるのではないでしょうか。

聖書が「分け隔てするな」「人を差別するな」というのは、神にとって、地上に生きるすべての命が、愛する尊い命であるからです。私たちが、色眼鏡をもって違和感を覚え、遠巻きにしてしまうあの人のことも、神は心から愛しておられる。同じように、あなたのことも、だれが何と言おうと、だれが何と思おうと心から愛してくださっている。だから、人が人を分け隔てたり、差別したりすることに対して、神は心から悲しまれるのです。隣人を自分のように愛して生きること。すべての人が分け隔てなく神の愛を等しく受けた者として受け入れ合い、認め合って生きていくこと。見た目によってではなく、考え方の違いによってでもなく、あなたも私も神に愛されているのだというただ一点において、共に尊び合って人と人とが生きていくということ。神はそのような世界を、私たちに望んでおられるのです。

私たちがもし色眼鏡を持ち続けて生きてしまう者であったとしても、神の御言葉という光に照らされ続けることを通して、私たちは見るべきものを見失わず、大切なものに目を開いて生きることができる。このことを心に覚えて、主の光の中を歩んでいきましょう。

（二〇一五年九月二七日、シカモア組合教会礼拝説教）

あとがき

説教集というものは、ベテラン牧師が出すものであるというのが、「業界」の常識であるかもしれません。長年牧会をしてきた牧師たちが、その信仰と経験、また知恵を豊かに含んだ精錬された説教の数々を、牧会人生の集大成のごとくまとめ上げる。少なくとも、私がこれまで抱いてきた説教集のイメージは、そのようなものでありました。しかし、私はまだ若く、牧会経験もようやく七年目に突入したばかりです。ベテラン牧師の説教が「精錬された説教」だとするならば、私の説教は「荒削りの説教」だと言えるかもしれません。

では、なぜそんな荒削りの説教を説教集という形で世に出すのか。それは、荒削りの中にも独特の味わいがあり、荒削りだからこそ味わえる神のメッセージがあると思うからです。何よりも、ここに収められた説教は、実際に教会の礼拝において語られたものであり、それは、神が私を通して会衆に語りかけた御言葉であるということを意味しています。どんなに私が経験不足であろうとも、どんなに私が若く、小さな者であろうとも、神はその私を用いて御言葉を語ってくださったのです。このことを信じるからこそ、私はこの説教集を世に出して、より多くの人々と荒削りの説教の味わいを分かち合いたいと思いました。

本書には、二〇〇九年から二〇一五年までに、私が同志社教会、霊南坂教会、シカモア組合教会で語ったメッセージが収められています。同志社教会では神学生として、霊南坂教会では伝道師・副牧師・主任牧師代務者として、シカモア組合教会では日語部牧師として講壇に立ちました。自分の立場や肩書きが変わったからといって、それがメッセージに直接的な影響を与えたとは思いません。しかし、その時々に、与えられた立場から見えてくる教会の状況や課題を意識して、メッセージを語ってきたように思います。

改めて自分の説教を振り返ってみると、『立ち上がれ！』という本書のタイトルにもあるように、信仰を鼓舞する言葉が数多く語られていることに気づかされます。それは、私がかつてサッカー少年であり、体育会系の社会の中で育ってきたからかもしれません。しかし、それ以上に、今日の教会が元気を失っていると言われること、また、今日の教会を取り巻く社会や政治の状況が、信仰とは相反する危機的な状況に向かっていること。こうしたことを強く意識するがゆえに、信仰を奮い起こす言葉を語ってきたのだと思います。

キリスト者の信仰は、憎悪と悪意に満ちたこの世界に、愛とゆるしを武器とした新しい平和な世界を示します。キリスト者は神から召し出されて、「その新しい世界をあなたの日常の中から生み出していきなさい」と、世に対する一つの使命を与えられているのです。「あなたがやらなくて誰がやるのか」「あなたが立ち上がらなくて誰が立ち上がるのか」。神は今、そのようなことを思いながら、私たちの世界を見つめ、私たちに御言葉を語り続けてくださっているのではないでしょうか。

「私にはそんな大きな使命は担えません」。そう言いたくなる人もいるかもしれません。しかし、神はそんなあなたのことを必要としてくださるのです。私たちは小さな者です。しかし、そのような決してふさわしいと言えるような存在ではない私たちを用いて、神は世に愛とゆるしを武器とした、新しい平和な世界を造り出していこうとしておられるのです。そのために、神は日々私たちに御言葉を語り、信仰を与え、神ご自身の力である聖霊を遣わしてくださっています。必要な力、必要な時、そのすべては神が備えてくださるのです。だからこそ、私たちはこの神に信頼し、勇気を出して立ち上がることができます。もちろん私たちに大きなことはできないかもしれません。しかし、それでいいのです。小さな日常から、目の前に与えられた人との出会いや出来事というチャンスを通して、私たちはコツコツと神の御心を世に広めていくことができるのです。

本書の出版はまさに、この信仰の上に立つ、私の小さな証しです。出版するということ自体、私にとってはとてもハードルの高いことでした。しかし、もし本書がこの世界に、神の愛と平和を宣べ伝えていく友を増やすツールとして用いられていくならば、それは、神が与えてくださったチャンスだと思ったのです。だから私は、勇気を出して立ち上がりました。本書を手にしてくださった皆さんが、ここに収められた説教を通していかばかりかでも励まされ、元気を出し、信仰を奮い起こすことができるように。それぞれに与えられた日常の場で、恐れの中から立ち上がり、勇気を出して歩み出していくことができるように。そう心から願いつつ、この説教集をお届けします。

最後に、説教者として講壇に立つときに、私は多くの人々の祈りによって支えられ、押し出されてきたことを語らずにはいられません。説教者は決して、自分一人の力で講壇に立つことはできません。いつも、「説教のために祈っています」と声をかけてくださった会衆の祈りに支えられ、その祈りが神の力を呼び起こして、説教者は初めて講壇に立つことができるのです。同志社教会、霊南坂教会、シカモア組合教会で共に礼拝をささげ、説教者のために祈り続けてくださった皆さんに感謝します。それから、折に触れて「吉岡先生、説教集を出しましょうよ！」と声をかけ、気がつけば勝手にキリスト新聞社に企画を売り込んでいた同労の友、霊南坂教会の東昌吾牧師に感謝します。東先生がいなければ、この企画は生まれなかったことでしょう。そして、本書を出版するために、「立ち上がれ！」と私を鼓舞し、企画から編集まで力強く支えてくださったキリスト新聞社社長・金子和人氏に、感謝いたします。

二〇一六年四月二五日

吉岡恵生

著者紹介

吉岡恵生（よしおか・やすたか）

1985年、横浜に生まれる。同志社大学神学部卒業、同大学院神学研究科博士課程（前期課程）修了。日本基督教団霊南坂教会伝道師・牧師を経て、現在、米国キリスト合同教会シカモア組合教会日語部牧師。

装丁　桂川　潤

JASRAC　出1606358-601

立ち上がれ！　神の恵みに生きるために

2016年6月25日　第1版第1刷発行

著　者　吉岡恵生

発行所　キリスト新聞社

〒162-0814 東京都新宿区新小川町 9-1 電話 03(5579)2432

URL. http://www.kirishin.com

E-Mail. support@kirishin.com

印刷所　協友印刷株式会社

ISBN978-4-87395-704-3　C0016（日キ販）

Printed in Japan

書籍の場合、重版の際に定価が変わることがあります。価格は税別。